意拳创始人王芗斋先生 (1885—1963)

意拳大师姚宗勋先生 (1917—1985)

姚宗勋先生练功照 独立桩

姚宗勋先生练功照 后发力

王芗斋三女儿王玉白女士

赵道新先生练功照

卜恩富先生（左）示范照

意拳第二、第三代部分传人
前排左起：杨绍庚、窦世明、王玉祥、司徒柱、姚宗勋、张中
后排左起：左二薄家骢、白金甲、韩嗣煌

作者与王玉芳老师合影

作者与王家珍先生（王芗斋三女婿）合影

作者与韩嗣煌师叔、师母合影

作者与白金甲大师兄合影

作者与王芗斋嫡孙王宇先生（左）合影

作者与王芗斋先生的外孙王松、王竹、王梅合影

姚宗勋先生部分弟子合影

左起：崔瑞彬、尚京堂、薄家骢、武小南、李鸿锦

首届意拳研讨会筹备会人员合影

前排左起：韩师母、韩嗣煌、王玉芳、霍震寰、张中、吴彬、姚承荣

后排左起：姚承光、薄家骢、崔瑞彬、武小南

北京体育大学60级水冰系游泳班合影，左一为班主任王奎光

作者与葡萄牙女弟子保拉合影

作者与美国女弟子安娜合影

作者与同窗好友杨人福合影

作者与波兰学生托马斯.文杰合影

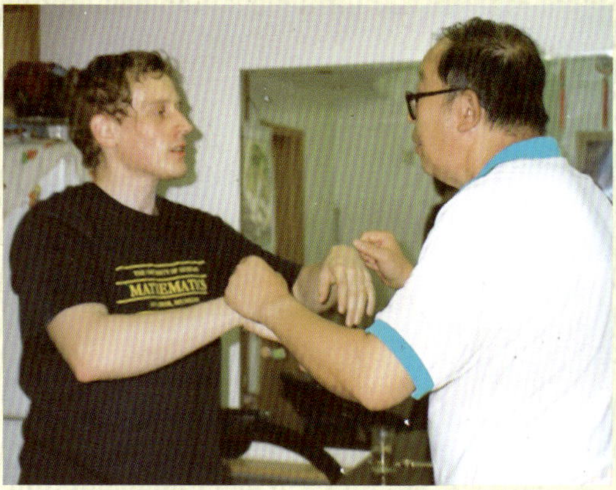

作者指导德国弟子哈尔德练拳

作者与日本弟子田所伸一合影

作者与部分在京弟子合影

作者在武林大会演示降龙桩

作者在武林大会演示伏虎桩

作者演示健舞

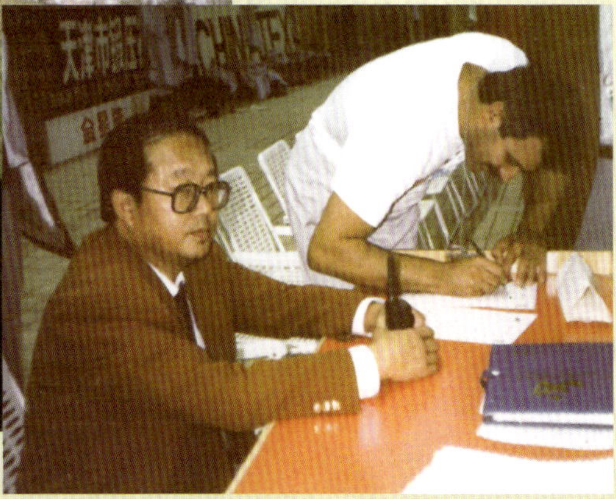

作者在担任亚运会水球比赛首席仲裁时留影

王芗斋先生的喜用扇面之一

意拳被评为北京市非物质文化遗产

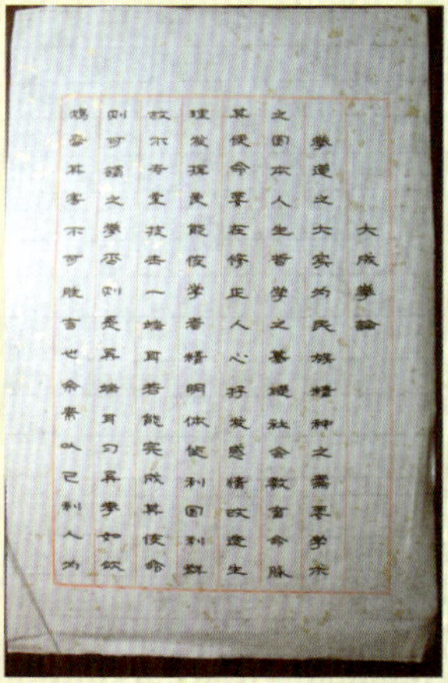

作者手抄《大成拳论》

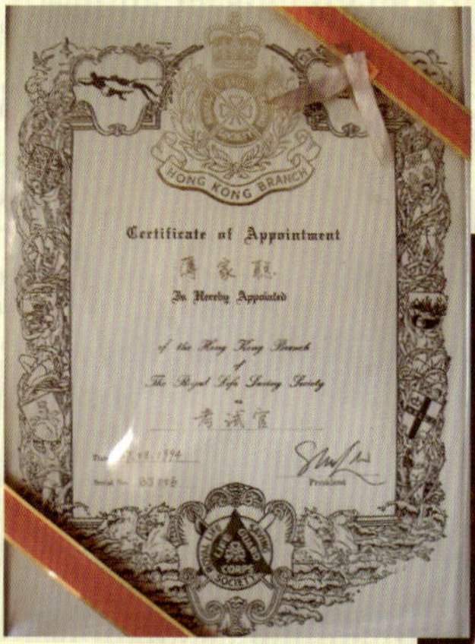

1994年香港皇家水上救生协会颁发给作者的考试官聘书

作者所著的图书及教学光盘

意拳索钥

——意拳（大成拳）进阶与点窍

薄家骢 著

人民体育出版社

图书在版编目(CIP)数据

意拳索钥：意拳（大成拳）进阶与点窍 / 薄家骢著.
-北京：人民体育出版社，2013（2020.11.重印）
ISBN 978-7-5009-4456-0

Ⅰ.①意… Ⅱ.①薄… Ⅲ.①意拳-基本知识
Ⅳ.①G852.14

中国版本图书馆 CIP 数据核字(2013)第 077627 号

*

人民体育出版社出版发行
三河兴达印务有限公司印刷
新　华　书　店　经　销

*

850×1168　32 开本　6.25 印张　143 千字
2013 年 7 月第 1 版　　2020 年 11 月第 5 次印刷
印数：13,001—14,500 册

*

ISBN 978-7-5009-4456-0
定价：31.00 元

社址：北京市东城区体育馆路 8 号（天坛公园东门）
电话：67151482（发行部）　　邮编：100061
传真：67151483　　邮购：67118491
网址：www.sportspublish.cn
（购买本社图书，如遇有缺损页可与邮购部联系）

自 序

薄某祖居津门，寻常巷陌，高邻有王氏昆仲，曰竹、曰松、曰梅。岁寒三友与某有同里、同窗、同道之缘，过从甚密，义结金兰遂成通家之好。王氏三杰之外公即意拳宗师王芗斋。少年嬉戏堂前，津门武林参拜芗翁，门庭若市，耳濡目染，近朱者赤，竟萌意拳之蒙求。1960 年，吾考入北京体育学院。赴京入学之际，苦求三师姑王玉白书荐，三顾茅庐、程门立雪，拜在意拳亚圣姚宗勋先生门下，起步意拳之正轨。卅余年蒙恩师垂青答教，驽马十驾，功在不舍，闻鸡起舞，戴月披星，虽钝鲁之愚亦有寸得，情之所至欲罢不能，始与意拳结终身不解之缘。恩师晚年，意在著书立说，以示后昆。先生夙以主张传统武术与现代体育相结合为学术旗帜。景自天成，作为体院学生，某得天独厚，莫与争锋，恰入姚师法眼，命为执笔。成书过程，得恩师抽丝剥茧，系统精细讲述，亲身演示，某于意拳进阶又臻仙境。1985 年，恩师驾鹤西行。先生弥留之际委以重托，因承光、承荣尚为年轻，嘱我继任意拳研究会会长并整理他的遗文、遗物。姚师辞世之时，二目圆睁似有悬思，某躬立垂身，双手轻抚恩师双目，轻声祷誓：您对家骢恩重如山，今生今世，追随仙履，忠心不二，天地共鉴。恩师阖目，我虔诚地为恩师净面、洗浴、更衣，敬送他老人家西天远行。某诚惶诚恐，临危受命，在此后的廿余年，担任意拳研究会会长、监事长期间，尽心尽力，谨慎小心，如履薄冰，幸不辱师命。在意拳申遗成功之后，精力不继，知难而退，完璧归赵将会长交与承光师弟接任，心静神怡，完成了我对恩师的庄重承诺。

某一介书生，视学术为神圣，不谙人生经营之道。仅尊先师遗训，勤苦求实，以武会友、植被桃李。蒙武林不弃，誉为意拳儒将，幸甚！幸甚！某待人接物，以宽以诚，数十年广交中外武林，讲学后昆。自体委退休以后，身边徒学云集，高朋满座，自成一番人生第二明媚春光。时有中外同好或鸿雁传书，或电话问询，多谈及意拳之发展、渊源与学术的探索。兴奋之余恐有怠慢，经小友王晓乐建议并关注帮我在网上设立博客，通过现代最强之手段保持与各界拳友的亲密相处。从此开始了我在网上"一指禅"的美妙生涯。没想到十几年下来竟用一个手指"摁"出了近十万字的《意拳N个为什么》。许多意拳爱好者，通过各种渠道向我提出有关意拳各式各样的问题，感谢大家对我的信任，本来对拳学的看法是仁者见仁，智者见智。限于本人的水平和能力，对大家的提问不能一一细致地回答，挂一漏万。后来有许多中外拳友热心相劝，叫我把博客上的文字整理成册，奈何我已年近古稀，力不从心。依然是小友王晓乐、李耀辉热心扶助，帮我整理编辑，做了大量细致的工作，成就了《意拳索钥》的付梓。师生情深，君子之交莫过如此。按照意拳界的传统，称徒学诸生为"小友"。此时此刻我终于明白了先人的高雅深邃。

据有关武术界领导透露，目前全国有近六十万人从事意拳训练。但是比起其他武术门派来说仍然是一个小的拳种。人们对意拳尚无十分透彻的了解，所以经常引起许多误解和神秘感，使有志于此者，欲习无门，问津无处。《意拳索钥》的宗旨就是，把本人崇仰芗翁，深受姚宗勋先生亲授，平生所学、终生求索毫无保留地和盘托出，并作通俗科学之解释，来帮助大家找到一把打开意拳宝库的钥匙。利用网络的平台谈谈自己个人的粗浅体会，希望能够对大家起到抛砖引玉的作用。同时更希望听到不同的意见，百花齐放，百家争鸣，以推动学术的蓬勃发展。

《意拳索钥》付梓，将手头有关资料一并附上，以供有志研习者参考收藏。文字辗转传抄虽经多方补正，亦难免鲁鱼亥豕，待就正于高明。

在此仅向出版界的朋友们、广大的意拳爱好者以及武林同道，表示诚挚的感谢！

目　　录

第一章　意拳N 个为什么 ……………………（1）

第一节 总论 ……………………………………（1）

一、怎样练习意拳（大成拳）？ …………………（1）

二、意拳究竟好练不好练？ ……………………（3）

三、怎样系统地进行意拳教学？ ………………（4）

四、意拳教学有什么特点？ ……………………（6）

五、意拳爱好者怎样安排拳学日常练习？ ………（6）

六、为什么说功夫是凑出来的？ ………………（7）

七、什么叫“浑元力”？ ………………………（8）

八、什么叫作“合”？ …………………………（8）

九、何谓“拳拳服膺”？ ………………………（8）

十、再说什么叫“拳拳服膺谓之拳”？ …………（9）

十一、为什么芗老说“每一动都要问一个为什么”？ ……………………………………………（10）

十二、什么叫“争力”？ ………………………（10）

十三、再谈“争力”的概念 ……………………（11）

十四、什么叫“意拳在十字当中求生活”？ ………（12）

十五、可不可以举一些实际运用的例子来说明“意拳在十字当中求生活”？ ……………（12）

十六、意拳的十字原理有哪些具体内容？ ………（13）

十七、如何理解“有形有意都是假，意到无心始见奇”？
…………………………………………………………（14）
十八、意拳有无象形拳？……………………………（15）
十九、什么是松紧？…………………………………（16）
二十、再谈练习意拳怎样处理松紧？………………（17）
二十一、什么是“有东西”“没东西”？…………（17）
二十二、怎样组装基本功？…………………………（18）
二十三、意拳与大成拳究竟是不是一回事？………（18）
二十四、请问怎样解释意拳？………………………（19）
第二节　站桩 ……………………………………………（20）
一、意拳爱好者应该怎样看待“站桩”？…………（20）
二、意拳养生桩与技击桩怎样区分？………………（21）
三、怎样练健身桩？…………………………………（22）
四、站桩时究竟是前脚掌着地还是后脚掌着地？
…………………………………………………………（23）
五、坐着可不可以练功？……………………………（23）
六、肩架的含义是什么？……………………………（24）
七、“金三角”是什么意思？………………………（25）
八、再说一说“金三角”是什么含义？……………（25）
九、“金三角”在实战中如何应用？………………（26）
十、怎样理解“撑三抱七”“前四后六”？………（27）
十一、什么是“流水的屁股螳螂脖”？……………（27）
十二、站桩的时间长短如何掌握？…………………（28）
十三、站桩容易忽略的是什么地方？………………（28）
十四、为什么说“宁叫筋长一分，不让肉厚一寸”？
…………………………………………………………（29）

十五、 何为“无弯不夹，无节不顶，无点不弹簧”？ ……………………（30）
十六、 “似坐非坐”有什么用？ ……………………（30）
十七、 意拳练功包不包括气功？ ……………………（31）
十八、 技击桩有哪些要领？ ……………………（31）
十九、 什么是“扽绳”？ ……………………（32）
二十、所谓“扽绳”是怎么回事？ ……………………（33）
二十一、降龙、伏虎的意境是什么？ ……………………（35）
二十二、“倾斜桩”是练什么的桩法？ ……………………（35）
二十三、为什么说“膝盖骨一处力之生发动用最堪体认”？ ……………………（36）
二十四、关于肌肉力量的大小在生理学、解剖学上的概念是什么？ ……………………（37）
二十五、手上的十字概念和具体内容是什么？ ……………………（38）
二十六、怎样站稳独立桩？ ……………………（38）
二十七、“未接触之松紧”是何含义？ ……………………（39）
二十八、何谓“打横拉趾儿”？ ……………………（39）
第三节 试力 ……………………（40）
一、怎样练习试力 ……………………（40）
二、“试力”的训练有哪些应该注意的事情？ ……………………（41）
三、什么叫顺力逆行？ ……………………（42）
四、什么是“开合力”？ ……………………（42）
五、为什么说“试力如同在空气中游泳”？ ……………………（43）
六、再谈什么是相对运动？ ……………………（44）
七、何谓“晃”？ ……………………（44）

八、有关摇与旋的补充练习 …………………… （45）
九、意拳摇旋的基本功练习加上中国式摔跤的基本功崴桩内涵练法是何来源？…………… （45）
十、练功与运用中怎样体现“腰似车轮腿似钻”？…………………………………………… （46）
十一、“推下坡车”的意境假借是怎么回事？…………………………………………… （47）
十二、怎样通过“翻饼试力”体会六面力？…………………………………………… （48）
十三、“出入螺旋式”是何含义？ ……………… （48）
十四、什么是“涮筒子”基本功？ …………… （49）
十五、试力中如何“拉踋儿”“打横”？ ………… （49）
十六、什么叫“手过留痕”？ ………………… （50）
十七、试力能体会到“空气阻力”吗？ ……… （51）
十八、为什么说“习拳贵手有劲儿”？ ……… （51）
十九、“节奏”与“频率”在练拳中是什么意思？…………………………………………… （52）
二十、意拳“健舞”是怎么一回事？ ………… （53）
二十一、意拳之“健舞”是怎样的练习？ ……… （54）
第四节　步法 ……………………………………… （54）
一、怎样练习“摩擦步”？ ………………………… （54）
二、意拳基本步法练习应该注意哪些要领？…………………………………………… （55）
三、摩擦步走不稳应该怎样调整？ ……………… （55）
四、练习意拳步法有哪些注意事项？ ………… （56）
五、什么是“陆地行舟”？ ……………………… （56）
六、再谈所谓“陆地行舟”是怎么回事？ ……… （57）

七、意拳步法训练应该注意哪些问题？…………（57）
八、意拳步法练习应该注意哪些事情？…………（58）
第五节　发力 ……………………………………（58）
一、何谓“鼓荡”？……………………………（58）
二、有关意拳发力的一些问题 …………………（59）
三、“甩沙子” 是练习什么用的？……………（60）
四、发力究竟是应该提胯还是坐胯？…………（61）
五、关于大腿根部的发力 ………………………（62）
六、所谓“神经激发”是什么概念？…………（62）
七、何谓“八面出锋” …………………………（62）
八、什么叫“缩即发” …………………………（63）
九、如何理解“缩即发”？……………………（63）
十、什么叫“意不有相、形不破体、力不出尖”？
……………………………………………………（64）
十一、意拳试声是怎样的练法？………………（64）
第六节　推手 ……………………………………（65）
一、怎样练推手？………………………………（65）
二、推手练习的目的是什么？…………………（66）
三、推手技术中“点前紧、点后松”是什么含义？
……………………………………………………（66）
四、怎样理解“赢人全在手腕之变化”？……（67）
五、什么叫“脱点”？为什么不能脱点？……（68）
六、指中是什么概念？…………………………（68）
七、如何练推手效果会好一些？………………（69）
八、斜坡原理在技击中之运用 …………………（70）
九、怎样进行推手教学？………………………（70）
十、“注意这头和那头”是什么意思？………（71）

第七节　实作 ……………………………………………（72）
一、姚宗勋先生教授意拳技击实作为什么戴
拳套和穿护具？ ……………………………………（72）
二、意拳训练要不要打沙袋？ ………………………（73）
三、怎样理解意拳“脚打七分拳打三”？ …………（73）
四、打手靶应该注意哪些事项？ ……………………（74）
五、为什么说“直拳也要当栽拳打”？ ……………（74）
六、实战时爱眨眼睛如何克服？ ……………………（75）
七、意拳训练要不要练体能？ ………………………（76）
八、“横冲竖撞”是怎么回事？ ……………………（77）
九、“狮搏兔亦需用全力”是何含义？ ……………（77）
十、意拳如何体现“攻守合一”？ …………………（78）
十一、什么是绝招儿？ ………………………………（78）
十二、什么是频率？什么是节奏？ …………………（79）
十三、何为“打间架”？ ……………………………（80）
十四、“鬼手断”是什么练习方法？ ………………（81）
十五、单双重是怎么回事？ …………………………（81）
十六、什么是“手懒身勤”？ ………………………（82）
十七、请举例说明“身勤手懒”在拳术中的
实际应用是怎样的？ ………………………………（83）
十八、为什么说“手一动便是错误”？ ……………（83）
十九、什么是“未接触之松紧”？ …………………（84）
二十、夺敌位是何概念？ ……………………………（85）
二十一、“半步崩拳”与“夺敌位”是什么概念？
……………………………………………………（86）
二十二、请介绍一下意拳有关器械的训练方法？
……………………………………………………（86）

第二章　意拳教学与自修程序 ……………………… （88）

第一节　意拳教学大纲 ……………………… （88）
一、站桩的教学 ……………………… （89）
二、试力的教学 ……………………… （91）
三、走步的教学 ……………………… （92）
四、发力的教学 ……………………… （93）
五、单操手的教学 ……………………… （94）
六、推手的教学 ……………………… （95）
七、散手的教学 ……………………… （97）
第二节　意拳爱好者自修的八个单元 ……………… （100）
第一单元 ……………………… （101）
第二单元 ……………………… （108）
第三单元 ……………………… （114）
第四单元 ……………………… （121）
第五单元 ……………………… （125）
第六单元 ……………………… （128）
第七单元 ……………………… （134）
第八单元 ……………………… （146）

第三章　意拳回忆及随笔 ……………………… （149）

芗老诞辰 125 周年文集序 ……………………… （149）
姚宗勋拳学思想初探 ……………………… （152）
卜恩富先生百年祭感言 ……………………… （157）
喜读李仲轩 ……………………… （158）
中华传统武术与现代体育之结合 ……………… （161）
薄家骢自撰师训 ……………………… （164）

第四章 姚宗勋先生佚文集 ……………………………… (165)

一、《麟角集》…………………………………………… (165)
二、《麟角集》续 ……………………………………… (169)

第五章　王芗斋先生论意拳节选 ………………………… (175)

大成拾遗 ………………………………………………… (175)

第一章　意拳N个为什么

第一节　总　论

一、 怎样练习意拳（大成拳）？

这个问题很大，如果非要完整地答复，那就要写一本书不可。很多想练意拳的人，苦无入门之径，很长时间徘徊在拳学门外。还有很多人在执著地站了一段桩以后，味同嚼蜡拂袖而去。从我本人的练功和教学经历来看，这都是没有从基本理论上弄懂意拳的拳学原则、原理的必然结果。意拳创始人王芗斋说：学拳最贵明理。我们要想干成一件事情，首先就要了解这件事情的来龙去脉，不要步入盲人骑瞎马，夜半临深池的窘境。

不错，站桩是意拳最重要的基本功，但如果没有搞明白站桩的目的，糊里糊涂去站它几个小时，无异于缘木求鱼。有的意拳名家评价我的拙作《大成拳探秘》只是从体育的角度叙述了意拳的功法。我体会这里面有批评立论浅显之意，但我自己觉得这已经是对我极高的评价了。我不是哲学家，也不懂禅学，只是一个爱好武术的体育工作者。如果能从体育的角度把意拳解释个八九不离十，也就相当不错了。拿站桩来说，我认为最简单的看法是把它作为应战的基本姿势来练习也就够啦。

没有前四后六、撑三抱七，没有金三角的“肩架”，谈不到神犹雾豹、气若灵犀。有形有意都是假，意到无心始见奇，都是练功的追求境界，不是初学者的必然，学拳形都不似，还奢谈什么意境呢？离开己身无物可求，执著己身永无是处。前一句适用于初学，后一句系指尖端之追求。

对于一个初学意拳的人来说，首先要找一个入门的途径，参考书要寻那些有可操作性的读本。芗老说练拳每一动都要问一个为什么，这个要求可不低。脑子里什么都没有，练什么意拳呢？至于松紧，也不要把它看得太神秘。初学游泳你让他松，淹死啦。能到松的程度就是会啦。松而不懈、紧而不僵，这里面的幅度很大，总起来，能注意松的时候多，紧的时候少就行啦。

练拳的阶段，有教学和训练两个概念。到我这里学拳的爱好者，我先要看他的学习目的、年龄学识、身体条件等具体情况，决定怎样安排学习计划。如果是短期的学习我只能以教学为主，介绍了意拳的练功方法以后，自己下去练功夫，不能光在我这里站几个小时的桩，结果什么都学不到。对于老学员来说，训练的程度就会多一些，要扎扎实实地练好基本功才能达到今是而昨非的进步。根据我所遇到的情况，学员在一定的练功程度上就会感到“什么都不会啦”“练的东西都一样”，这些都是某种学习阶段的良好体现。老学员要学会组装，在站桩的时候要把“摇旋”“神龟出水”“晃”“翻饼”等基本功逐渐糅在一起，也就是组装的意思。这样才能一天一个样不断进步。如果你有更高的要求，起码要学习一点简单的生理解剖，我有一个学医的学生他接受我的教学就比较容易。还有一个经验，学拳最好有一个伴儿，所谓独学而无友则孤陋而寡闻。两个人互相切磋共同提高是非常理想的学习环境。姚宗勋先生说：意拳就是神经支配意念领导。孔圣人说“学而不思则罔，思而不学则殆”，意拳就是要用脑子去练拳。

二、意拳究竟好练不好练?

在我接触意拳的时候，经常听师叔、师伯们讲一些莫名其妙的话。什么“站也不对，不站也不对”“太聪明练不了，不聪明也练不了”“用劲儿不对，不用劲儿也不对”……诸如此类的言语叫人无所适从。

那么我们就不练了吗？你只要对意拳有向往与期待，那就不管它怎样，先练起来再说。芗老在他老人家的著作中，开宗明义说学拳首要明理。也就是说先要把练习的目的搞清楚，不能稀里糊涂地瞎练。芗老要求练功者“每一动都要问一个为什么”，这在所有的各类项目的教学中，是相当严格的要求。古人说“学而不思则罔，思而不学则殆”。换句话说就是要动脑筋去练。俗话说光说不练嘴把式，光练不说傻把式。我遇到过许许多多的意拳爱好者包括我的一些前辈。他们工夫下得很深，一站桩就是几个小时，结果只落下一个好身体，就拳学技击而言，实在不敢恭维。大部分的爱好者都是在起步站桩的时候不明就里而终止了训练。在我的教学实践中，有的学员一看就会一学就懂，认为老师讲得清楚听得明白，这还不好练吗？等练了一段时间，就会发现不那么简单了。都会感到越练越难。此时对爱好者是一个关口，是知难而进呢，还是望洋兴叹？其实有个最好的检验方法，就是自己跟自己比，不管进步大小，只要有一种今是而昨非的感触就好啦。种瓜得瓜，种豆得豆。意拳练习不同于套路，你会8套我会6套我不如你，拳术的掌握是要通过实践来检验的。我有一个新学员，开始老学员跟他推手的时候都不愿意跟他玩儿。过了一段时间再和他推手，就感觉不那么容易了。这就是坚持动脑筋训练的结果。在我教过的老学员里，很多能有一定的实战水平，但对意拳的精义还缺乏应有的认识。姚宗勋先生说：功夫是凑出来的。意拳授人以渔不以鱼。一旦你把所学的基本功逐渐地学会组合，那就会产生许多意想不到的效果，这也是意拳拳学的魅力所在。总起来说，学习意拳首先就要下工夫练好基本功，一点儿也不要含糊，特别是站桩的研习不能偷巧。很多爱好者练拳怎么看怎么像拳击、摔跤，就是不像意拳。说白了就是基本功没弄明白。有什么基本功就有什么架子和风格。最起码的要求，你练的东西一看就是意拳的味道。

三、怎样系统地进行意拳教学？

传统武术训练和现代的体育运动训练异曲同工，不同的老师和教练员训练的理念和方法都不尽相同，仁者见仁、智者见智各有千秋。在这里汇报一下我的教学体会，供大家参考。

任何教意拳的老师，当然都会以站桩为入学之门。要知拳真学，首由站桩起，这一点凡是教意拳的老师，绝不会轻易变更。但是站桩有很多认识上的不同。有的人强调站桩的时间，觉得站的时间越长越好，本人不敢苟同。我的一个朋友自称能够一连站四五个小时的桩，但在我的要求下，站了不到十分钟就“高频震颤”——哆嗦开啦。原因是他所谓的站桩，全部肌腱都处于非工作状态，也就是说身体都没有干活。那样的站桩，要是练养生无可非议，要说是练技击就不行啦。大家都会背：大动不如小动，小动不如不动。但这句话还没有完哪，后面紧接着说：不动之动乃生生不已之动。站桩看上去不动，其实动得很快，当然动不是漫无目的地乱动，而是有意识地在不断输入基本功的内容。输入的过程须循序渐进，比如初学就要贯彻输入“摇旋”“打横拉踮儿”。进一步再输入“神龟出水”“翻饼搬缸”“涮桶子”等基本功要求。根据每个人的接受能力和掌握的程度，决定输入基本功内容的多寡与综合组装的快慢。也就是说根据每个人的不同水平，在站桩的时候要不断地检查，有没有这些基本功的意念，当然是基本功含量越丰富越好。在站桩练功的过程中，注意检查体会什么基本功尚有不足。接下来的事情就是缺什么补什么啦。有形有意都是假，意到无心始见奇。站桩练到不用太多地关注，在相对不动的情况下，感觉所有的基本功都有一点儿，又都没有。介乎一种模糊状态，这是站桩功法的最高境界。拿我们开车做比喻，遇到红灯，还想着哪是刹车、哪是离合就不能说是会开车。站桩训练之后的课程就是试力。在前面所述的站桩基础上慢慢把意念放大、动作相应见形就是试力的开始。可以说站桩是不动的试力，试力是动起来的站桩，也就是所谓的行桩。八卦掌就经常在走行桩。定步的试力有了一定的基础以后，就可以结合走步训练提高到活步试力的阶段。活步试力可以由浅入深逐步提高。开始做时活步神龟出水、活步摇旋、活步翻饼等分开做，然后再把它们糅在一起做，姚宗勋先生所说的“功夫是凑出来的”，就是这层意思。我在教学生推手、断手的时候，采取了现代体育的训练方法。即分解教学，条件实战，互相“喂”着练等方式。对那种一上来就真招呼的做法，我不敢苟同。当然那种练法，生效会很快，但我认为那不是意拳追求的东西，其实什么拳也叫不上来，那是练街斗。总之，传统的武术教学也要借鉴现代体育的科学训练手段。这是姚先生的每一个弟子都应该遵循的练功法则。

四、意拳教学有什么特点?

我的恩师姚宗勋先生，以传统武术与现代体育相结合为宗旨进行意拳教学活动。我本身作为体育学院的学生，比起各位师兄弟来说，就有了便利的条件，接受老师的教导更加方便。有些时候，老师当着其他师兄弟问我："家骢，这在你们体院怎么说?"就是问武术的传统说法用现代体育的说法怎么解释。因此老师在给我说拳的时候，经常用现代体育的例子开导我的思维。比如拳学的大题目"松紧"，究竟是松对还是紧好？老师就问我：你站在出发台上，听到"各就位!"的时候，是紧还是松？我一下子就明白了松紧的奥妙。所以在我的意拳教学活动中，经常是以教练员的面貌出现在训练场上。我忠诚地秉承了恩师的教学宗旨，老师怎么教的我，我就怎么教学生。我特别注重基本功的教学。拿"摇旋""神龟出水"的练习来说，许多人都把它们看得很神秘和高不可攀。但在我学拳的时候没几天老师就给我讲解示范了这两个重要的基本功。直到现在我在教学伊始，就先要把这两项练习列入教学大纲的首页。因为我觉得，不掌握这两项基本功，往下的教学就无法进行。可以说注重基本功的训练就是我在意拳教学中的最具代表性的特征。

五、意拳爱好者怎样安排拳学日常练习?

许多意拳爱好者询问日常怎样安排练习的问题。根据每个人练习意拳的目的和需求不同，应该在日常练习的过程中内容有所侧重。但无论如何站桩，练习是每天必须完成的功课。

“要知拳真髓，首由站桩起”，站桩是意拳的灵魂，没有站桩的功底，就谈不上练意拳。武术界有句话：“打拳不练功，到老一场空。”用在意拳上亦如是。如果你是年轻人有兴趣研习技击，那么除了站桩，就要练习试力、单操手、走步等意拳功法。比如翻饼加上老罴（pí）搬缸就是很好的发拳基本功。进退步的“神龟出水”就是活步试力的最好基本功。从事技击练习，要特别注意步法训练，所谓“打拳不遛腿，到老冒失鬼”。经过熟练的“打鬼”训练，才具备了练习技击的基础。

六、为什么说功夫是凑出来的？

拳术训练是一个系统工程。基本功是主要的零部件，其他的辅助练习也都是不可或缺的零件。每个人从事拳学的路途不一样，有的是从师进行系统的训练，有的是通过看书、看光盘自学，也有的是这个拳那个拳练了不少始终没摸到门儿。不管怎样都是在追求一件完整的拳学技术。所以就要根据每个人的不同起步、不同程度，来决定自己还需要凑够哪些缺少的零件。所谓缺什么补什么。我的恩师姚宗勋先生说过，扎实的基本功是一切功法的基础，急于求成肯定是要返工的。比如没有站桩的很好功底，连一个基本间架都摆不好怎么能谈得上练拳呢。没有“神龟出水”“摇旋”就没法练所有的试力。没有“老罴搬缸”不会打栽拳，不懂“拉踋儿”（前脚扒地）、“打横”就练不出意拳的味道，不理解“翻饼”练发拳就找不着劲儿等等。意拳训练有一个非常重要的特点：突破一个关键的技术要领，就会带动整体的技术飞跃。每个人的突破点都不一样，只能靠自己去摸索。但无论如何要自始至终花大力气弄明白拳理，不能糊里糊涂地傻练。弄明白了道理就要下苦功去求索，“打拳不练功，到老一场空”。

七、什么叫“浑元力”？

浑元力即是力在上下、左右、前后六个方面的平衡均整。因此也可以称为六面力。在实际操作中无论是试力还是发力，最容易忽略的是左右的开合之力。“神龟出水”是典型的浑元力试力基本练习。

八、什么叫作“合”？

传统拳法有六合之说，六合有内外之分：心与意合、意与气合、气与力合为内三合，手与足合、肘与膝合、肩与胯合为外三合。又曰：筋与骨合、皮与肉合、肺与肾合为内三合，头与手合、手与身合、身与足合为外三合。芗斋老人赋予“合”以新的定义：全身之法相合谓之“合”，非形势相对之谓“合”。意思就是周身协调就是“合”，不要片面追求身体的哪一个具体部位对称哪一个部位才叫“合”。

九、何谓“拳拳服膺”？

芗斋老人有一句名言：“拳学一道，不是一拳一脚谓之拳，也不是打三携两谓之拳，更不是一套一套谓之拳，乃是拳拳服膺谓之拳。”《中庸》：“得一善，则拳拳服膺而弗失之矣。”拳拳亦作惓惓，有奉持、诚恳、深切之貌，牢握不舍之意。“拳拳”是形容人在神情投入上的诚恳状态。拳拳服膺就是全身心地投入，时刻存心，处处留意还怕忘记的意思。

当年姚宗勋先生在北京市体委体育科研所意拳研究组的时候，问过一个小运动员，每天练多少时间？那个小运动员说一天练三个单元总共有 6 个小时。姚先生说：你的成绩好吗？小队员说不太好，教练和自己都不满意。姚先生说：知道吗，你练得还不够。小队员说不能再加量啦，都快累死啦。姚先生说不是那个意思，是说你用心不够，你应该在做梦的时候都想着训练。后来这小队员的成绩真的有了很大的提高。这就是“拳拳服膺”的理念。

十、再说什么叫“拳拳服膺谓之拳”？

拳拳，诚恳貌。整句话的意思，是说时时刻刻想着这件事还怕忘了。练习意拳不单不能忘记练功，什么站桩、试力等七妙法门。还要注意生活中一切事物现象的发生，都要有意识地联想是否与练拳有关。比如说做木工推刨子，为什么非要把两个食指压在刨子的上面，这当中有什么道理可以在我们练拳的时候借鉴？修汽车卸车轱辘为什么不能从正面抱，而要背过身子用后背的力量把轱辘颠下来？理发推子为什么要在松手的时候头发才能剪下来？美制松发地雷，为什么要在抬脚的时候才爆炸？这当中都与练拳有可以借鉴的东西。我本人体会“一触即发”是在第一次打捞溺水者的时候，当我潜入水中进行摸索的时候，心情是复杂的，既想在大庭广众之下能第一个发现尸体露一小脸儿，说实在的又不想碰到死人多少有点怕。那个状态就和试力时的状态一个样。等一下子手触摸到尸体的时候，浑身就像被电打了一样不停震颤，力那叫一个整。这时我知道了“一触即发”是什么意境，“一发即止”是什么含义。这一段文字的意思就是建议大家在练拳的时候要处处观察思考，一切事物有和练拳有关的内容都要用心体会，这就是“拳拳服膺”。

十一、为什么芗老说“每一动都要问一个为什么”?

任何体育项目的学习提高过程，都要经过知道、懂得、熟练、精通这几个必经之路，练拳更需要如此。好像我们打听路一样，要到目的地去，首先就要弄清楚所去的方向。搞不清方向就启程，那一定达不到目的地，并且很可能背道而驰瞎耽误工夫。所以我们在学习意拳的时候，最重要的一步工作就是要认清方向。按照芗老所说“每一动都要问一个为什么”。有许多意拳爱好者，工夫没少下，钱没少花，但事无所成，是非常冤枉的。磨刀不误砍柴工，因此在我们练拳伊始就要养成“每一动都要问一个为什么”的好习惯，这样才会事半功倍，不走冤枉路。

十二、什么叫“争力”?

通俗地说争力就是大小相等、方向相反的矛盾力，也可以习惯地说二争力。不通过二争力的训练，就得不到意拳所需要的特殊拳术力量。争力是为了拳术力量的极致发挥，保持力量的平衡。举个生活中的例子：人们经常往自行车的后架上捆东西，不会捆的时候，不管你用多长的绳子也捆不结实。如果你先把两股绳子并在一起，然后从两旁各劈一股分别向两个方向用力分开捆住，那无论东西往哪个方向倒都不会垮掉。拿意拳的侧发力来讲，当向右发力的时候，左手必须向相反的左面用力。这样才能保持力的平衡和均整，如果顺了拐，不但发不出应有的拳术力量，恐怕还要闪了腰。形意拳前手打人后手用力就是二争力的体现。进一步说争力在一定程度上可以理解为身体各部松紧变化的相互交替。拳术要求的不仅仅是爆发力更重要的是爆炸力。爆发力有方向而爆炸力是四面八方。松紧之间的相互交替，如军事上所用的地雷，有压发和松发，在技击运用上也有松紧的不同用法。松紧的变化贯穿了意拳争力的学术底蕴。

十三、再谈“争力”的概念

练习意拳一定要把“争力”的概念搞清楚。初学意拳首先要弄懂什么是“二争力”，所谓二争力，就是方向相反、力量相等的一种用力方式。形意拳讲前手打人后手发力就是这个含义。二争力不一定是两头同时用力，很多时候是固定一头，另一头发力，也是争力的概念。意拳训练有一个重要原则，就是手懒身子勤，特别是前手在很多练习中都是原地不动的练法。如神龟出水、半步崩拳都是强调前手不动的练法。进一步地理解争力：在一定的程度上可以理解为身体各部松紧的互相交替。在这个问题上，许多练习意拳的人都不能弄明白，我的一些师叔、师伯，问过我这句话的出处。我说这是姚先生的原话，大家才不再说什么。姚先生引用过清赵藩的名句“不审势则宽严皆误，后来治蜀要深思”，来说明练拳松紧的重要性。在这里宽严、松紧、虚实都有争力的含义。松紧、虚实的互相交替，都是一种势能，都是一种信号。都有争力的含义。比如炸弹的引爆，由松到紧或由紧到松都能引发。对方的手压在你的前臂上，你的手突然一松变背手桩，手臂形成下斜坡，他就无所施其技。这也是争力使然。遇刚则柔而刚随其后，就是根据形势的变化应用争力的松紧变化应付技击的具体体现。不根据所遇的具体形势如何，松紧皆误，这是每个练习意拳的人都要深思的事情。

十四、什么叫“意拳在十字当中求生活”？

拳谚：身如弓弩拳如弹。弓之所以能够把箭发射出去，其工作原理在于被压缩的弓把两头（弓拉满的状态是弓把两头被拉近）猛然上下伸展（放弓）产生弹力将箭向前射出。弓的运动形式是上下，箭的运动表现是前后，这就是十字（上下之垂线与前后之直线交叉不就是十字吗）。根据这一原理，王老讲：争力之枢纽在于上下。特别强调了上下争力之重要。之所以说意拳在十字当中求生活，就是在技击应用之中，不管是攻与防都要利用这一原理。比如控制一个人不让他从坐着的椅子上站起来，不能想当然地往下压他，而是用一个手指往前推他的脑门即可。再如对方用力向下压我两臂，我不去对抗而是向两侧或者是前后做撑抱的动作即可，这都是十字原理之运用。总之向前要想着上下、左右。上下要想着前后、左右。左右之开合要想着前后、上下。诸同此理。十字理论在意拳训练中有着十分重要的意义，练功者需要花大力气把它搞懂弄精。

十五、可不可以举一些实际运用的例子来说明“意拳在十字当中求生活”？

十字原理在意拳训练中有很重要的地位。比如通过抱能产生撑的效果，通过开合能达到拉近的目的等等。总之要从弓箭的发射原理去探讨十字原理，为什么弓背的上下压缩与伸展能把箭向前发射出去。意拳发力下肢的技术要领，有前膝与后胯的争力建立。如果你只是简单地考虑直接作前膝与后胯的一争，那无论如何也使不上劲儿。这时你从十字原理上去追求：前膝与后胯之争是前后之争，我们需要从上下去考虑，这就是十字原理的运用。芗老说“全身争力之枢纽在于上下”就是这一含义。在我的教学活动中有一次讲到这个问题，有一个学生很动脑筋，他说：是不是像灯笼那样从一个卷筒形状，通过上下的压缩打开成圆球状那样的现象，把灯笼的骨架向横的方向撑开完成灯笼的使用过程。这个学生的学习态度是每个练习意拳的同好都应该效仿的。大家可以试一下，是否通过身体的上下运动，更能体会前膝与后胯的争力实感的建立。这是意拳在十字中求生活的一个最典型的例证。打开灯笼的比喻不单是说明了意拳的十字原理，而且更有意思的是体现了拳术爆炸力的状态。因为灯笼的骨架与整体上下的压缩呈不同方向的十字支撑。所谓爆炸力是没有一定的方向，拳劲儿需要的是这种力量。而平常所说的爆发力是有一定的方向的。灯笼原理会对我的教学工作产生重要的影响。也是教学相长的一个收获。

十六、意拳的十字原理有哪些具体内容?

“意拳在十字当中求生活”，十字原理是意拳训练的一个重要原则。在我以前的博客中有过专门的论述。如控制人不能从坐着的椅子上站起来，不要往下压他，而是用手去推他的脑门儿。在推手的时候，对方往下压我，不去直接抵抗，而是要往前后、左右方向移动。这都是十字原理的运用。在推手放人的时候，下肢发力的要求是臀部往下砸一个大弹簧，前腿膝部与后胯之间好像有一条绳索要一下子把它崩断。这在站桩的时候就已经注意培养前膝与后胯的二争力了。那么怎样体现膝、胯之间的争力呢？一开始都直接想着前后撑劲儿，总感觉用不上劲儿。换一个角度从十字原理去考虑，想着上下压缩大腿根部的弹簧，你一下子就会感到前后的争力有了。这个道理就好像一个菱形的框架，压缩、延伸其中的一条对角线，必定会影响另外的那条对角线的延伸与压缩。从十字原理出发去做，产生的力量是“身如弓弩拳如弹”的拳术力量，弓背上下的压缩到延伸，把箭向前射出去。这就是典型的十字工作原理。姚宗勋先生教导过我学拳要动脑筋，要举一反三。你想一想下肢的发力是十字，那么上肢的动作是不是也应该考虑运用十字原理呢。要想撑开对方的两手需要考虑缩短前后的对角线，这样就会比直接往两边撑着用力巧妙得多啦。总之意拳在十字当中讨生活，是非常重要的拳学理念。

十七、如何理解“有形有意都是假，意到无心始见奇”？

中华武术博大精深，拳学理论充满了朴素的唯物主义辩证法。形属于物质，意属精神。无论如何，世界的构成物质是第一性的，而精神的反作用也不能忽视。形意拳讲：意自形生，形随意转。形与意是一个问题的两个方面。没有形哪来的意。意拳虽然强调“本拳重精神、重意感、重自然力之锻炼”，但绝不是可以忽视形体上的训练。所谓“离开己身无物可求”，没有大量的练功方法，“拳”从何来？没有各种特殊的功法的表现形式，“意”欲何为？意拳强调神经支配、意念领导，“执著己身永无是处”是说明通过意念活动更好地把形体训练与实际上要发生的技击现实有机地结合起来。也就是芗老所说的“每一动都要问一个为什么”要做到有的放矢。所谓“无为”是“无为而无不为”，所谓“拳本无法，有法也空”下面还有一句“一法不立，无法不容”，不能断章取义。至于“有形有意都是假，意到无心始见奇”是在长期的训练培养下，所达到的最高境界。是初学者追求的目标，不是凭空的想象。举个本人的例子：我搞了一辈子的水上运动，七岁就在水里泡着，现在就是在睡着的情况下，把我扔进水里也绝不会把我淹死。我能够在水中不用想怎样划手怎样摆腿就能够行动自如。在水中我可以达到“意到无心始见奇”。但是如果换了一个不会水的人，甭说睡着了就是最清醒的时候把他扔进水里也注定是会送命的。科学来不得半点马虎，拳学是要花费大量工夫的，要流血、流汗，动脑子。

十八、意拳有无象形拳?

意拳的前身形意拳有十二型的练法。意拳也有象形的功法，更重于拳法的意境。所谓以形取意、以意象形、意自形生、形随意转。意拳之所以称意拳，就是更加强调意在拳学中的重要地位。意拳训练中的象形拳利用，更取其事物的本质。意拳中象形内容非常多，比如降龙、伏虎、鸡腿蛇身、猫行马奔、蛇缠手、猿猴攀登、老罴搬缸、大鹏展翅、螳螂脖等等。总之是模仿这些动物的精神与意境，而不仅仅是模仿其外形的姿态。拿猿猴攀登来说，是学习猿猴那种灵敏和机智，也就是要神似，但求神意足不求形骸似。至于猴拿虱子之类的滑稽动作就大可不必学它了。

十九、什么是松紧？

意拳认为：“松”“紧”是构成人体运动的基本矛盾。诸如力量、速度、灵敏、协调、耐力等运动素质无不受人体肌肉松紧的制约，即为松紧所派生。因之就意拳全部的训练内容来说，就是怎样正确掌握和运用“松”和“紧”的问题。所谓松紧既是肌肉的松紧，又是精神的、心理的松紧，而首先是精神的松紧。因为任何肌肉的活动，都是靠神经支配的，神经又是受精神意志的影响。因此，精神意志的控制是至关重要的。意拳之所以突出“意”字，其道理就在这里。在现代体育比赛中，精神状态对运动成绩的影响是非常明显的。这方面的例子不胜枚举。拳术训练的松紧固然重要，但在不同的时期侧重点是不一样的。初学站桩只要按照技术要求，主观上能强调放松就行啦，不要执著。因为刚开始练习只要摆好了姿势，两手一拿起来就不可避免地产生肌肉紧张。运动生理学认为运动技能的形成，都是条件反射的建立。条件反射的建立、运动技能的形成，一般要经过三个阶段，即泛化、分化、自动化。泛化阶段就是初学时摸不着门儿的那一段，到了分化阶段就有时做对了，又有时做错了，有时又做不上来了，只有到了自动化的阶段才可以说是完全掌握了该项运动技能。任何运动技能只有到了信手拈来的熟练程度，才能够谈到怎样运用。拿我们学开车来说，开始的时候，哪是油门儿、哪是离合、哪是挡把儿、哪是刹车，都要一一熟悉。开始学车手忙脚乱，心慌出汗，等到了掌握驾驶技术以后，还要经过长时间的积累逐渐熟练，最后达到不用走脑子就能得心应手才算会开车。我们学骑自行车的时候，一开始浑身较劲手脚都不听使唤，想放松，松得了吗？

等到会放松了也就是会骑车啦。学游泳也是一样，一开始顾命还来不及呢，你叫他放松那是不可能的事，等到他会放松了也就会游泳了。练拳也是这个道理，一开始不要过于强调放松，随着训练程度的提高，功夫见长自然就放松了。

二十、再谈练习意拳怎样处理松紧?

松紧的处理问题，是意拳训练中一个非常重要的关键。既要认真地对待，又不可过于执著。比如说松，不管是养生还是技击，都不能一味地求松，实际上也不存在真正的松。因为只要你保持一定的姿势，就有肌肉的运动，就不可能是真松。意拳所要求的松，往往是意念上的松，是强调松在练习意拳中的重要性。

特别是练技击，拳者力之奋也，一味地求松哪里行。从运动生理上来讲，不是从最松到最紧发力最大，而是在发力前要把肌肉纤维做适当的拉长，才会对力量的最大发挥产生有益的影响。就好像一个凉杯子不能马上倒开水一样，需要一个过渡。芗老说：习拳贵手有劲儿。我们在站桩的时候，要求力达梢节，指尖用点力，指端如透电。都是这个意思，不能一味地松，都松了谁干活呢。在试力的时候，要求手过留痕也是强调了梢节的意感。手上没东西练什么拳呢?

二十一、什么是“有东西”“没东西”?

常听一些练意拳的老先生说：这个孩子身上有东西，那个孩子身上没东西。这些话是什么意思呢?实际上就是评价这个人身上有没有基本功。比如看一个人发拳的时候，明眼人一看就知道有没有“力不出尖儿”，“手脚齐到法为真”，“翻饼”，“涮臂”等等站桩、试力的基本功。分水试力，看上去有没有“如在空气中游泳”的相对运动的状态。活步试力一看就知道摩擦步的基本功怎么样，手脚配合是否协调，以及有无“神龟出水”“摇旋”等基本功。所谓“行家看门道，外行看热闹”，就是这层意思。

二十二、怎样组装基本功？

基本功是为了技击应用的，任何基本功如果于技击毫无作用那就什么意义也不存在了。我们在练习了大量的基本功以后，需要把它们有机组合起来才能发挥作用，单个基本功很难在技击中体现。有很多意拳爱好者包括我们的一些长辈，在单项基本功方面很有功力。就是缺乏基本功的组合，所以不能算学有所成。老一辈的人说这些人不会动。所以要想提高技击水平，基本功的组装工作是非常重要的必经之路。比如发拳是横摇拉踋儿、翻饼、搬缸、涮筒子等一系列基本功的组合。活步试力是摇旋、神龟出水、陆地行舟、指过留痕、摩擦步等基本功的组合。所以每一个意拳爱好者都要在基本功的组合上下功夫，当然要在熟练地掌握单项基本功的基础上才谈得到组合，没有一套完整的零件，怎么能组装呢？姚宗勋先生说：哪一项基本功不到位，肯定是要返工的。

二十三、意拳与大成拳究竟是不是一回事？

有许多练拳的朋友都问过我这个问题。实际上意拳就是大成拳，这本来是不成问题的问题。芗老在创建意拳的时候，按他老人家的原意就叫意拳。后来就像他在《大成拳论》中所描述的那样："友人多试之甜蜜习之愉快。因咸以大成二字为吾拳，欲却之而无从也，听之而已。"这就是说大成拳的名字是旁人所赐，非己自封。芗老经常说的一句话就是："学无止境，何来大成之说。"可见他老人家一直就不太自封大成。

我本人的观点是，有大成的拳师，没有大成的拳种。不是每个练拳的人都可以叫自己是"大成拳"。到现在为止我个人认为只有芗老和我恩师姚宗勋先生够得上大成二字。其他各位师长及同门师友最好还是叫意拳为妥。我本人深受师嘱终生不敢介入大成二字。唯尽力攀登而已。某年我在四川青城山，看到一副山门上的对联深为感叹：大成若缺天得一以清，上德无为行不言之教。我粗浅地认为就是满则溢的含义。觉得自己是大成了，适得其反正是半瓶子逛荡。我认为姚老师够得上大成拳，不仅仅是因为有芗老的诗句"老夫收授有宗勋，当知吾道不全沦"为证。因为我本身是一辈子搞现代体育的运动员、教练员，所以对每位师傅的真实水平可以看得一清二楚。有的人为了表示和姚先生不是一路之人，依傍佛门道教，自诩大成，其实就其所掌握的拳法来说非常之可怜。就连一个像样的试力都无从谈起，说起大成拳，云山雾罩不知所云，谁都听不懂就对啦。以艰深文浅陋，晕乎乎觉得自己了不起就成仙了。大家可以分别看一看现存世的各位先生的录像，只要您是公正的就不难分出甲乙丙丁了。

二十四、请问怎样解释意拳?

意拳的前身是形意拳，芗老为了强调意念在拳学中的重要地位，"但求神意足，不求形骸似"去掉了一个形字，把经过他老人家改造创新的拳学叫作意拳。芗老对意拳的精辟解释是："神经支配，意念领导。"我的恩师姚宗勋先生忠实地继承了芗老的衣钵，他经常讲的一句话就是"神经支配，意念领导"。我本人不成系统地解释意拳，意拳似乎可叫"一拳"。"不招不架，只是一下""何为打，何为顾，发手便是处"。日本人称意拳是"一击必杀之术"。都有这一层含义。意拳还可以叫"益拳""医拳"，它的功法拯救了无数危难的病人，给人们带来健康与欢乐。意拳还可以叫"艺拳"，它没有固定的套路，但拳学有所造就的意拳爱好者，练起健舞来，那种飘逸如仙的神态，堪与任何一位舞蹈家的舞姿媲美。意拳还可以叫"毅拳"，"果敢恒心毅力为拳"。如此这般笑谈而已。

第二节　站　桩

一、意拳爱好者应该怎样看待"站桩"?

站桩功无疑是从事意拳训练的不二法门，并一度成为意拳的代名词。"要知拳真髓，首由站桩起"，当然站桩在意拳训练中有其重要的地位。只要是练意拳，对站桩怎样重视都不过分。芗老说：学拳最贵明理。无论是初学还是老练儿，首先就要把为什么站桩的道理弄清楚，所谓磨刀不误砍柴工。要知道十个练意拳的人，有九个是站跑了的。特别是初学意拳的人从一开始就要弄明白为什么要站桩，不然的话会很冤枉。有的人能够糊里糊涂地站几个小时，要说练健身没问题，但要说练技击那就差十万八千里了。

首先需要明白：学拳不用慌，间架配适当。站桩要强化的是应战的基本间架。要时刻检查全身各关节的肌腱是否处于工作状态。第一个要注意的就是跟腱，跟腱是人身最有力的一处肌腱，也是发力的重要所在，所谓消息全凭后足蹬。经常有人问这样的问题：站桩是脚跟着地还是脚尖着地？如果全脚掌着地的话，你的跟腱就会处在不工作状态，你能站几个小时又有什么用。芗老说：大动不如小动，小动不如不动，不动之动乃生生不已之动。站桩看似静止，其实里面动得很快。芗老称其为超速运动。站桩好比是电脑终端，里面所包含的内容就包罗万象了。都是站桩，为什么人们评论时会有这个人身上有东西，那个人身上没东西的说法呢？实际上都是站桩，有的人能站出“摇旋”“晃”“神龟出水”“搬缸”“翻饼”等基本功的味道来，而有的人就是在那里傻站，什么意思都没有。这就是功夫的区别所在。芗老的那段话特别要深刻理解的是：不动之动。好像已经点燃导火索的炸药包，随时都有爆炸的可能。总之，开始练站桩的时候，目的就是要强化战斗的基本间架，比如金三角的保持，大腿根部的蓄力等。什么叫会啦，打个比方就好像我们学开车一样，遇到红绿灯不用思索手上脚下就把活儿干完了。如果此时你还找不着离合、手刹那就不能算会开车。大可不必去站几个小时，一边站桩一边学最重要的基本功，然后再逐渐把这些基本功组装到你的桩功中去。等到你觉得有了一定的“东西”的时候，再去逐渐延长站桩的时间也不迟。

二、　意拳养生桩与技击桩怎样区分?

意拳站桩从练习目的的不同大致可以分为养生桩与技击桩。一般看来从外形来区分平行步的站法被认为是养生桩，丁八步站法被认为是技击桩。从意念活动上来分，养生桩想的是环境优美，鸟语花香。技击桩想的是临敌状态。实际上无论是在形体上还是意念上养生桩与技击桩还是有差别的。比如都有身如绳吊系的要求。但是绳子头拴的地方不一样。养生桩是吊在头顶，技击桩一定要吊在颈后发际处（有头发与没头发的交界处）。养生桩没有那么多的意念活动，只要精神集中、周身放松、呼吸自然就可以了，技击桩就有了若干的技术含量。养生桩与技击桩就好像一样的瓶子装有不同的酒。说实在的到了一定的程度，就分不清什么是养生什么是技击了。养生桩是技击桩的基础，技击桩也可以达到健身的目的。从外观上看平行步的站法好像是养生。但是练习技击的时候就不能那样刻板了。要在平行步的桩法上，站出技击桩的味道。就是要把双重逐渐变成单重，于是就有了“恨地无环”的练法和提高身体反应的意念活动（设想站在水中的一个木筏子上，身体要随着水流对木筏造成的颠簸调整重心。把相对的静止状态变成身体内部的高速运转。也就是所谓的大动不如小动，小动不如不动，不动之动乃生生不已之动）。也就是说要不断地打破平衡、控制平衡。平行步站技击桩的好处是左右平均发展，过度地站丁八步桩往往会形成左右势的偏重。

三、怎样练健身桩?

许多爱好者询问，不想练技击就想健体强身，那么怎样练意拳呢？如果只想练养生，那就不用强调许多的技术要素了。首先找一个舒适的环境，按照自己的身体状况选择一个姿势站好。脑子里也不用想很多。身如绳吊系，好像一个木偶一样在休息的情况下锻炼养生就够啦。除练养生桩，为了增加一些乐趣也可以做一些走步、试力，当然没有诸多的技击含量。只是随意在走摩擦步，好像在打一套随心所欲的太极拳。比较常用的走步试力是分水试力。好像站在齐胸的温水里，用两手不断地拨拉水一样，身体在水中很舒服，漂漂荡荡就行啦。还有一种试力形式可以借用，那就是“书空”，就是想象一边走路一边用手指在空中写字。要有指过留痕的意境。这是一种非常有趣的练习。想怎样写就怎样写，进步、退步、大步、小步、左右、高低，真草隶篆都行。

四、站桩时究竟是前脚掌着地还是后脚掌着地?

站桩时要求脚后跟好像踩着一只小蚂蚁，当然就不是脚后跟着地。任何讲究步法的体育运动都要保持脚下的灵活性，技击更不能例外。但是意拳既要有脚下的灵活性又要保持脚下的稳定性，所以脚后跟不能抬得过高，似离非离合适。站桩时有一个要点：膝盖髌骨以下至脚面好像有一根木棍在支撑，这样做就可以减轻脚后跟的一定负担。王老说过：大动不如小动，小动不如不动，不动之动乃生生不已之动。这句话要完整地看不能断章取义，要特别注意不动之动的含义。站桩时绝不是一动不动，要想想自己是站在一个木筏子之上，木筏随着水流漂漂荡荡，我们要跟着调整脚下的平衡与稳定，所谓控制平衡即是平衡。站桩时不断地调整自己身体前后、左右的重心，才是技击桩的正确练习方法。

五、坐着可不可以练功?

意拳行、站、坐、卧皆可练功。所有的站式桩法，几乎都可以在坐式姿态下进行练习。比如坐在床边或椅子上，把两手放在膝关节上就可以做“摇旋”“引进落空”甚至做所有的发力练习。这样做的好处是可以清楚地摸索到身动手不动的技击要素，体会手与身体的相对运动。如果把身体侧过来坐，就可以体会“神龟出水”的基本功。如此做的好处是可以在减轻运动量的情况下多做练习。举一反三坐着也可以练所有的大步桩：“伏虎”“托天”等。此外坐式桩法还可以用来健身养生，对那些身体状况不好的人来说，不失为一种力所能及的练功方式。芗老说：拳拳服膺谓之拳。工间、课间、休息聊天、看电视都可练功，时间不就挤出来了吗。

六、肩架的含义是什么？

经常在小说中看到两个人在交手的时候都要先摆个门户准备迎敌，这个门户就是“肩架”。意拳说“学拳不用慌，肩架配适当”，把式把式全凭架势，没有架势不成把式。干什么吆呼什么，学什么就要像什么。各种技击术由于内容不同其外部的表现形式也不相同。拳击、跆拳道、柔道、中国式摔跤、不可名状的武术门类都有其各自的独特基本姿势。意拳的基本姿势就是浑元技击桩。意拳技击桩的间架要比拳击运动的间架开放得多，要保持肩撑肘横的临战状态。拳击比赛讲究“得点”，而意拳讲究“KO”（解决对方的战斗力）。在重击之下抱头挡脸的防守是没有意义的。好像拖拉机撞篱笆墙一样。意拳的攻防技术是一体的，其基本姿势看起来空隙很大，但是多了一个防区，如果对方要想攻击我的司令部，就首先要通过我的防区，还要顾虑遭到我前方卫士的阻击。意拳技击桩两肘与颈后构成一个“金三角”，这个金三角对今后的推手、断手也就是意拳的实战有着极其重要的意义。姚宗勋先生说："保持肩架挨不了重拳。"在这里姚先生特别把"间架"换成"肩架"，就是特别强调了"金三角"的重大作用。不管是试力、发力、单操手以至推手、散手都要保持两肘和颈后所构成基本战斗姿势的稳定，不能两肘忽而远离忽而靠近，特别不应该前后移动。举个例子：当两个手腕往回拉的时候，两肘要保持横撑前顶，不应该两肘与手腕一起向后拉，那样就失去技击的实用作用了，大家可以互相试一试就不难理解所谓"肩架"的重要性了。

七、"金三角"是什么意思？

拳谚：学拳不须慌，肩架配适当。所谓肩架就是应付技击的基本姿势，比如拳击运动、散打、柔道等都有其代表性的准备姿势，也就是应付战斗的基本肩架。所谓"金三角"就是意拳技击的基本肩架（两个肘关节与颈后所构成的等边三角形），目的就是特别强调上肢运动形态的相对稳定性，也就是说无论怎样动作，两个肘关节不能前后移动，失去战斗的阵地空间。特别要提出的是姚宗勋先生在这里经常使用的是"肩架"而不是"间架"，意即指此。"金三角"之所以重要，是因为无论是试力、发力、推手、乃至实作都不能破坏这个宝贵的堡垒。阵地丢了也就意味着失利，没有阵地的出击也不会取得预期的成功。

八、再说一说"金三角"是什么含义？

"学拳不用慌，间架配适当"，说明了间架在练习拳法中的重要地位。所谓金三角就是两肘与颈后三点之间所构成的三角形，这个区域是自己的堡垒和根据地，不容侵犯。在进行桩功训练的时候，要花费很大的力气形成保持金三角间架的动力定型。因为这个动作要领实在是太重要了，所以才把它称作“金三角”。在今后所有的试力、发力以及应用练习中，这是永远需要注意的基本功。保持不了这个金三角，做什么都会差点意思。在练习与应用之中，只要两肘前后晃动，金三角一旦散了架，干什么都不好使了。这当中还有一个很容易忽略的意念假借，就是在构成金三角的时候那条三角形的底边是需要用意念想象两肘横向之间好像挤着一根木棍，只有这样，金三角的构成才会完整。无论试力或发力都要记住这根想象中的木棍不能丢失。只有这样才能体会运力的完整。这一处要点要好好动一动脑筋才行。

九、“金三角”在实战中如何应用?

在实际应用中更是要充分了解基本间架的奥妙。正发力是要用身体这个大锤子去撞击自己的两个肘关节，用全身的整体力量通过手去传递打击或发放的力量。在实际应敌的时候，也要考虑打对手的间架，而不仅仅是为了“得点”。发放对手的技巧在于用自己的间架去撞击对方的间架。具体来说就是用自己两手与两肘构成的三角，去撞击对手两肘与后颈构成的“金三角”。意拳放人要求力向对方的身后指。具体说往哪里指呢?应该考虑利用对方的两个“二棒子”（上臂）。要沿着对方两个二棒子的延长线去想象在对方脑后的那个交叉点。用自己的间架三角去直接楔入对方的间架三角使之嵌合。说得再明白一点就是要撞击对方的两个肘关节。

十、怎样理解“撑三抱七”“前四后六”？

所谓撑三抱七、前四后六是对站桩时上肢与下肢的力量分配。上体的间架为撑三抱七，下肢的分配是前四后六。实际练功中没有一种仪器能够测量出准确的数字，因此不能机械地追求撑三抱七、前四后六。比如上体的间架撑三抱七可以理解为抱的成分大，撑的成分少就可以了，下肢的前四后六可以理解为身体重心偏于后腿，也就是意拳老前辈所说的后重法。撑三抱七、前四后六体现了拳术中的单重原则。类似拳法中这样的例子还很多，不要望文生义，要充分理解它的真实含义。有一个外地的拳友，打电话问我在站桩时脚下应该踩几只蚂蚁？是全脚踩还是脚的某一个部位踩？我实在是没有本事回答了。学拳千万不能这样钻牛角尖。

十一、什么是“流水的屁股螳螂脖”？

所谓流水的屁股是指身体的脊柱应该保持正直，不能有塌陷。塌陷就是有背弓，也就是中国式摔跤术语里所说的“折腰”，是一个很大的毛病。太极拳讲“尾闾中正”，有的拳种讲“填平脊梁沟”，都是这个意思。所谓螳螂脖，是说保持战斗的间架时应该收紧下颌，一是保护颈部不受攻击，二是通过收下颌把后颈部挺起像螳螂的脖子一样，则能充分发挥背部大肌肉群的能量。技击桩要求的是背紧胸松，螳螂脖就能够保持这个技术要领的实施。

十二、站桩的时间长短如何掌握?

站桩是意拳最重要的基本功。没有很好的站桩基本功是练不好意拳的。但是有许多练习意拳的人，都会在如何站桩的问题上感到迷惑。有的人追求站桩时间的长短和站桩姿势的高低。当然这样下工夫也不说白练，但究竟不能对意拳有深刻的理解。如果你是练健身那无所谓，如果你是练技击，就很吃亏了。经常遇到一些意拳爱好者，能站几个小时的桩，但在内容上什么也没有。也就是说一个空瓶子里面没有酒。最常见的是脚下跟腱不处在工作状态，其他关节的肌腱也不工作。那就没有任何技击的意义。姚宗勋先生说：你站对了，能站几分钟呢？老师经常拿我举例子，说你们问家骢，他在游泳比赛时保持出发的姿势能待多久？站技击桩就是要保持临战的状态，所以不可能坚持很久。要根据每个人的具体情况因人而异。如果你是初学者，首先站桩的目的是要学会站桩在形体上的要求，比如“金三角”的建立，肌腱的伸张、前四后六、撑三抱七等等。进一步才可能逐步加强意念。站桩不动脑子也就是没有意念活动，那就谈不上是练意拳。根据鄙人一点体会，能站一个小时不如分着站四个一刻钟，或六个十分钟。待到有了很高的拳术素质，需要下大工夫的时候，也就是懂得站桩的意义时，再逐渐加大运动量不迟。这样做才不会走冤枉路。

十三、站桩容易忽略的是什么地方?

站桩最容易忽略的地方，首先是身如绳吊系的所在位置。因为技击桩和养生桩的要求不一样。技击桩是吊在颈后，养生桩是吊在头顶。技击桩颌下要想着夹一个乒乓球，养生桩没有这些要求。接下来要注意的就是所谓的“金三角”，也就是技击的必备间架。意拳不同于太极拳，要求肩撑肘横而不是沉肩坠肘。两肘之间的连线好像是道警戒线，是不允许随便出入的标志。再有就是腰部要挺直，不能塌腰、倒腰。在体院上举重课的时候，老师经常讲的一句话就是：腰部塞紧。所谓立木支千斤，腰塌了就谈不上怎样发力了，恐怕连站稳都很困难。还有一点很重要就是站桩时，无论如何全脚掌不能实打实地全落地，这样站几个小时也对技击毫无意义。在意念上要适当控制脚后跟下的间隙，检查方法是摸一摸跟腱是否处于工作状态。

十四、为什么说“宁叫筋长一分，不让肉厚一寸”？

所谓筋长，有两层意思。长是个多音字，既可以读长（cháng），理解为长度的延伸，又可以读成长（zhǎng），理解为粗细的变化。武术家都有一个共识，认为人身通过训练提高韧带的长度或者相对的粗壮，要比单纯提高肌肉的粗细更能在技击实践中获得效果。身体的柔韧程度取决于韧带的长度与粗细，会极大地提高战斗力，这毋庸置疑。这在意拳基本功站桩的时候就应该着手注意。有的意拳爱好者能站几个小时，但是由于站得不得法，整个脚后跟死着地，人身上的最大韧带——跟腱处在不工作状态，那怎么能达到训练的目的呢。所以在站桩的时候，要时刻检查全身各大关节处的韧带是否处于工作状态，比如膝关节的后面腘窝的两根韧带，以及肘关节上臂前臂连接处的韧带。这些地方的韧带是否工作，换句话说是否有所作为，是检验站桩是否正确的重要标志。不然的话空费了很多宝贵的时光，站桩没有得到应有的功效是很冤枉的事。

十五、何为“无弯不夹，无节不顶，无点不弹簧”？

芗翁曰：“赢人全在手腕之变化。”特别强调了手腕曲折变化在技击应用中的重要地位。拿推手来说，双方搭手构成的态势，无非就是三种情况：双手在上，双手在下，一手在上、一手在下。比如手在下，此时手腕的形态就应该是抓坛子桩的样子，即扣腕。通过手腕的向下折叠，产生增强向上的杠杆力。此时克服对方向下的压力，靠的是物理力量，而不是简单的直接抵抗。反过来如果我们是从上往下压对方的手臂，就应该用扶按桩的手型，即扬腕，意念上要用手背和前臂的曲折夹紧一根筷子，通过这个形态增大向下的压力，也是物理作用之应用。再如双手在内要想用开合力，将对方的门户打开，就必须用浑元桩或平抱桩的手型，通过向内抱产生向外撑的力量。最后发力放人，一定要用拇指朝下的推托桩手型，也就是二指勾眉。这就是无弯不夹，无节不顶的含义。至于无点不弹簧，就是所谓的来回劲儿，不仅前后，而且上下、左右都要有弹簧力，也就是来回劲儿。特别容易忽略的是左右开合之鼓荡。传统的说法，手腕的曲折用阴阳来解释，未免复杂繁琐，用凹凸来说明就可以了。

十六、“似坐非坐”有什么用？

桩法中有一个要求——“似坐非坐”，指的是臀、胯部的动作要求。这一个技术要点往往会被忽略，大家都以为这是养生桩的要求，练技击无所谓。其实这是一个非常重要的关键点。有许多人在练站桩的时候，大腿根儿的前面是直的，如果身体保持这种状态，那很多的练习都不能很好地完成。首先摩擦步就走不稳，甭说发拳、发力了。再往下什么“搬缸”“翻饼”都做不好。意拳界评价一个人的功夫好坏，经常以用力整不整来衡量。你可以试一试腿部较直和“似坐非坐”两种练法有没有区别。是不是在“似坐非坐”的情况下，动作要“整”得多，同时也能用上力。意拳的魅力往往就在于不断地“存心留意”，特别是提高阶段，时刻要求注意身上细微棱角之变化。突破一点，开阔一片，觉今是而昨非，方是进步消息。

十七、意拳练功包不包括气功?

有许多人问起这个问题，包括练了很多年意拳或者大成拳的人们。其实意拳创始人芗老在他的若干著作中开宗明义地就对此问题作出了旗帜鲜明的回答。在他的教学生涯中，也从来没有给学生讲过气功的内容。有人说意拳的试声就是气功，意拳试声所发出来的声音是脑后音，这也是一种误解。试声为补发力之不足，声到力到，不是所谓声击。意拳试声只有一个音，而绝没有别的什么说法。总起来说，意拳不是气功。橘生淮南则为橘，生于淮北则为枳，叶徒相似，其实味不同。意拳、气功都站桩，但内容大相径庭。

十八、技击桩有哪些要领?

有意拳爱好者问到关于怎样站技击桩的问题，我把我所理解的技击桩向大家作一个描述供爱好者参考。一般认为平行步桩是养生，丁八步桩是技击。其实不管是平行步还是丁八步都可以练技击。养生与技击的区别不在外部动作的表现形式，而在思维活动的不同。要把平行步站出单重的味道，更是一件有趣的事。这包括倒重心的“恨地无环”，加上“崴桩”的“摇旋”“松胯桩”等。

先不管这些，谈一谈丁八步技击桩的站法。首先说脚下的要求，从立正姿势开始，“稍息”然后再把前脚往外拿一个脚的宽度。膝部的要求更为重要，芗老说：膝盖骨一处力之生发动用最堪玩味。要特别注意通过前脚脚趾的扒地，产生膝关节髌骨力向前“指”的本体感受，错误的理解往往认为是髌骨往前努，也就是跪膝。到了大腿根，也就是胯部的要求，须注意“掖胯”，臀部似坐非坐，要体会上下有细微的弹性，将来的发力都要在这里体现。腹部长圆，胸部微收，保持呼吸的自然。上肢的“肩架”就是常说的“金三角”（两个肘尖与颈后发际处，所构成的近似等边三角形）。金三角在以后的试力、发力、推手、实作中都有着不同凡响的作用，不容须臾忽略。颌下若能容球，也就是想着把一个小乒乓球轻轻地夹住。颈部向前手方向微拧，前手的虎口与前脚脚面垂直相对，眼睛通过虎口远视前方，前手不要超过前脚的脚趾，所谓“力不出尖”。上肢的肩架传统的要求：肩撑肘横力贯掌心自不用细说，至于前四后六、撑三抱七、身如绳吊系都是一开始站桩的时候就应该明白的道理。以上把丁八步技击桩的站法较为详细地介绍了一遍，希望能给意拳同道一点抛砖引玉的作用。

十九、什么是“扽绳”？

扽绳是姚宗勋先生特有的一种教学和训练意拳浑元争力的有效方法。在站技击桩的时候，前手一定要保持不动，好像前手被一条绳索系在前面的一棵大树上，与此同时前手与后脖颈也有一条细绳相系，我们要意想身体向后靠，用颈后去抻系在前手上的绳索，由于前手又拴在前面的大树上，所以应该有拉不动的感觉，此时如果是想拴在树上的绳索往前拉我的手，又由于前手被颈后的绳索所限制还是拉不动，如此来说就保持了前手不为所动的感觉。初学抻绳用颈部后靠的意念去做，再往后有了一定的基础，就应该体会用下肢的争力去做：前脚五趾抓地，膝关节处力向前指，通过前脚抓地，身体后靠体会抻绳的弹力。也是一抻即止。有了抻绳的体会，我们才会在以后的试力练习中体会拳术的周身无点不弹簧的意境。

这就是姚宗勋先生的抻绳理论。芗老在论述意拳试力的时候，说过顺力逆行的意境：手往后拉力量越往前去，手往前推力量越往后指。就是这个含义。不通过抻绳训练很难体会这样的感受。在进行抻绳练习的时候有一个极大的误区，就是用身体的后靠拉动前手一齐向后移，这是不对的。这正是芗老所说"手一动便是错误"。有一种小孩子玩的游戏，用一条细绳儿拴上一个纽扣，做成一个圆环用两手往两边扯动，拴在绳中间的纽扣就会来回旋转起来，这就是很好的"共争一中"的形态。抻绳时手就是中，两头争手不为所动便是正理。农村的马车后轮是一条完整的轴，现代的汽车后轮是半轴，哪一个比较先进不是很明白了吗。经常看到练功者，在花很大的力气，大幅度地用身体后靠把手也拉动很大的距离还认为发挥了整力，是极大的冤枉。王老说想做没做出来力量最大。如果是一拉就走，在推手实践中是很难奏效的。

二十、所谓"抻绳"是怎么回事?

"抻绳"是姚宗勋先生在意拳教学、训练中独特的创意。

包括我的师兄白金甲在内的所有老徒弟，在迈进意拳殿堂的第一天，从站桩开始就接触了“扽绳”的意念。根据恩师的教诲和师兄弟之间的切磋、琢磨，以及个人的数十年练功体会，越发觉得“扽绳”理念在意拳教学训练中的重要地位。浑元力的培养，争力的建立无不仰仗“扽绳”的功法入境。芗老尝言：意拳着重周身细微棱角之变化。就“扽绳”而言，往往在初学的时候只是想用整个身体的后靠来拉动固定在前方大树和前手腕上的绳索。这样做很难摸索出浑元力的内涵和争力的妙用，症结出在头部的设计上。头部应该注意颌下的乒乓球是否夹住？后颈是否有向后上方挺的感觉？而“扽绳”的感觉应该是通过扽产生向前牵引脑门儿的意思，而不应该只是身体向后靠。此处着重体会头部脑门儿向前下，颈部向后上的矛盾力。总的感觉应该是通过手腕将整体向前牵引的感觉，不能是身体后靠，手也往后拉的感觉。在推手实践中可以体验一下整体后靠和向前牵引的区别所在。正确的推法是手不动，将自己拉过去来达到接近敌身的目的，这可能就是太极拳的“舍己从人”。如果整体向后拉动的话，很可能为人所利用。“扽绳”训练还要特别注意不光是用手扽，而是要强调手脚的呼应和协调。也就是意念中手扽的同时还要注意前脚的扒地，这样做才能用上整体的力量。前脚扒地应感觉膝关节有一种力向前“指”，注意只是“指”，而不是“跪”。芗老说：膝盖骨一处力之生发颇堪玩味。意即指此。不管是初学还是老练儿，都应该在站桩的时候弄懂“扽绳”的正确理念。学拳最贵明理，磨刀不误砍柴工，明理后再用功就不会走冤枉路了。

二十一、降龙、伏虎的意境是什么？

降龙桩和伏虎桩是意拳站桩中的特殊桩法。降龙桩的作用一是用于养生的腰部牵引，二是为了在应付技击的时候作为练习近身摔法的基本功。伏虎桩是练习意拳杆子功的基本间架，以及在技击中的低姿战斗。降龙桩的意念活动一般的说法是上捋龙颈下掐龙尾取降（xiáng）龙之意，转体变脸是诸多摔法的基本要领。还有一种说法：降（jiàng）龙桩，是神龙见首不见尾的意境，如此说来更强调了“本拳重精神，重意感”之理念。神龙游空，其为物也，能缩能伸，能刚能柔，能升能降，能隐能现，不动如山岳，动之如风云，无穷如天地，充实如太空，浩气如四海，炫耀如三光。伏虎桩一般的意念活动也是前掐虎头后捋虎尾。以形取意，以意象形。还可以改变一种说法，把降伏之意的伏虎桩，变成猛虎潜伏之意。好像一只猛虎潜伏于密林乱石之中，揣其性灵，强而精壮，横冲竖撞，两爪排山，周身鼓荡，取其猎食之意。这样的意念，更符合芗老有关论述：生龙活虎，吟啸叱咤，谷应山摇，其状哉如龙虎之气，操无定势，势犹虎奔三千，气若龙飞万里。

二十二、“倾斜桩”是练什么的桩法？

近来有外地的意拳爱好者打电话问我这个问题。他看到姚宗勋先生有一张倾斜着身体站桩的照片，不知道是在练什么。这个桩法是意拳训练中的一个特殊桩法，其目的就是松胯。大腿根部的退让性工作是意拳发力的关键所在，也就是一些老人所说的“闹鬼儿”的地方，意拳发放的力量和打击的力量都离不开大腿根部的松紧，体育运动中有许多技术的用力方法，如投掷都强调蹬地转体展胯，可是意拳的发力要领强调胯部的松紧也就是大腿根部的退让性工作，无论是站桩还是试力都要体会大腿根部的一松一紧，“倾斜桩”的目的就是强化训练大腿根儿的弹性发力机制。此外为了培养意拳发力的要素，这里顺便介绍一下另外两个有关训练大腿根部弹性力量的特殊桩法。其一是在站平行步桩法的基础上模仿跳伞者着陆的那种状态，即两手高举肘部与耳同高，手心相向外翻，小指相对，好像两手半握拳同时在控制伞绳一样。体会在跳伞着陆的一瞬间，大腿根部的缓冲用力状态。太紧张会受伤，太放松会摔个大屁墩儿，就要找适当其可的那种感觉。这个特殊桩法，传统的叫法是“恨天无把儿”。其二是在平行步提抱桩的状态下，做向两侧倒重心的意念，一侧大腿根部退让放松，另一侧好像用手抓住一个环子要把整个地球都拔起来一样，两侧倒换练习这个桩法的传统名称是“恨地无环”。这些特殊的桩法已经很少有人提起了，感谢这个意拳爱好者如此心细，使大家能够回想起许多尘封的记忆。

二十三、为什么说“膝盖骨一处力之生发动用最堪体认”？

芗老在他的著作中有一句经典的语言，就是“膝盖骨一处力之生发动用最堪体认”。从基本功站桩开始，就要求膝与后胯建立起矛盾争力。具体到膝盖骨的时候要求力向前指。很多意拳爱好者在这个关键的问题上都没有搞清楚。髌骨力向前指的意思，不是力向前努顶，而是要通过脚趾的扒地产生一种髌骨有力前指的感觉。就好像一根竖着的棍子，这头如果向回收，另一头肯定会往前去。弄明白这个道理才能体会到后胯与前膝的二争力。膝盖到脚面还好像有线牵连，体会又有支撑又有拉扯的矛盾力。还要体会髌骨有总的向上提的力。髌骨向上提的意思是蓄力备踩发力。总之膝盖骨一处力之生发动用需要我们认真地动脑筋去琢磨。看芗老的原著有时候要思考他的表达方式。比如在描述发力的手型时，芗老说：除拇指外皆向上指。那么你就可以想，不就是大拇指朝下吗？如此这般才能更好地去体会练习。

二十四、关于肌肉力量的大小在生理学、解剖学上的概念是什么?

关于肌肉力量的大小，有一种认识要弄清楚。肌肉的横断面有两个含义：一个是肌肉的解剖横断面，一个是肌肉的生理横断面。所谓肌肉的解剖横断面，就是肌纤维的粗细，也就是我们能够直接看到的人的胳膊、腿的粗细程度。当然“块儿大”的人力量自然会大。艺术形象如鲁智深、猛张飞一类。所谓肌肉的生理横断面，系指神经支配肌纤维的能力。肌纤维的数量非常多，但不是每一个肌纤维都参加真正意义上的紧张收缩。神经支配肌纤维的数量越多，即肌肉的生理横断面越大，力量自会越大。打个通俗的比方，就是能够动员更多的参战单位参加战斗。一个人肌肉生理横断面的大小，不表现在胳膊根儿的粗细和“块儿”的大小上。这就是为什么有的人看上去瘦小干枯，却有着惊人的力气。所谓有“干（gān）劲儿”的道理。在艺术形象上也不乏其例。如李元霸、薛奎一类的人物便是。意拳通过特殊的训练方法，加强神经支配肌纤维的能力，所以能够在发力的时候，更多地动员肌纤维参加工作，表现出惊人的整体力量。当年王芗斋先生去少林寺拜访衡林大和尚的时候，衡林是个鲁智深式的魁梧身躯，而王老只能是一个最轻量级的拳手。经过友谊切磋，衡林很惊讶王老这么一个“小人儿”能有这么大的功力，两人相见恨晚、互相敬佩遂成武林挚友，此乃一段佳话。

二十五、手上的十字概念和具体内容是什么？

意拳在十字当中求生活。十字原则在意拳训练中有着非常重要的意义。比如“身似弓弩拳如弹”的原理。通过延长东西的对角线，达到缩短南北对角线的目的等，这些都包含着十字的作用。那么手上的十字是什么呢？在初学站技击桩的时候就要注意手上的十字争力（健身、养生桩无此要求）。具体的意念是（以扶按桩为例），大拇指与小指横向有一个左右的争力，中指与食指向前有一个指力，同时食指微上翘（同二指勾眉）与中指和掌心有一个上下的争力。如此做来就有了上下、左右、前后六面力的浑元一争。手上有了十字，举一反三所有的桩法和试力都要保持手上的状态。平常所说这个人手上有东西，那个人手上没东西就是这个意思。

二十六、怎样站稳独立桩？

独立桩也叫子午桩，是意拳腿部攻防技击的基本功。开始练独立桩的时候最大的难题就是站不稳。上手练习就需要先把前腿脚尖外摆，横放在一个小凳子上，然后逐渐脱离支撑物练习。练独立桩要注意争力的建立，比如前脚脚尖外摆，膝部则应有内扣的意念。抬左腿右肩需向前，两手之间也要有拉扯不断之争力。要想站稳还要设想支撑腿的胯骨轴（大转子）处有一个垂坠儿，垂线的落地点要在支撑脚的外侧，再加上臀部似坐非坐的意念，独立桩就可站稳了。

二十七、“未接触之松紧”是何含义？

恩师仙逝之后，白金甲大师兄向我传达了老师给我们留下的最后一道研究课题，这就是：已接未触之松紧。我们师爷芗老说过在站桩的时候，要设想七尺以内三尺以外，有如大刀阔斧之巨敌及毒蛇猛兽蜿蜒而来。这种精神状态就是培养已接未触之松紧。用现代体育项目来比喻，就好像两个拳击手在接到比赛指令的时候，相互观察，跃跃欲试的那种状态。此时谁也说不好接下来要完成什么动作，只能是相机而动，随机应变。这就是已接未触之松紧。所以我们在练习站桩的时候，一定要拿出一段时间，找一找这种状态。当然不可能时间过长，那是不现实的。就像我原来是游泳运动员，在比赛“各就位！”的时候，精神集中要听发令枪，全身还要尽可能放松，既不能抢跑又不甘落后，只有这样才能保证出发的顺利完成。小时候我们都玩儿过斗蛐蛐，蛐蛐打架的时候，两个须子在探索，全身在鼓荡，那个架势就是很好的已接未触之松紧。

二十八、何谓“打横拉踋儿”？

“打横拉踋儿“是站桩时最基本的意念输入。养生桩与技击桩的区别不能用平行步或丁八步来划分，初学技击的浑元桩也是从平行步桩开始的。技击桩的平行步要求站出丁八步的味道。身体要有左右横向的重心移动，也就是所谓的晃法。此时，支撑腿的重心应在股骨头垂线的外侧，而另外那只腿的脚下，为了保持身体的平衡就要五趾扒地。这就是“打横拉趾儿”的意念。要知道人们的竖向力量是与生俱来的，而横向的力量则需要后天的培养。中国式摔跤有一项基本功叫大棒子，练的就是横劲儿。“打横拉趾儿”有了体会，将对“摇旋”重要基本功的输入打下良好的基础。

第三节　试　力

一、怎样练习试力？

力由试而知，更由知而得其所以用。试力是意拳训练中最为繁难的一项工作。试力是要把站桩基本功所求得的浑元力，在身体有位移的情况下再现。首先开始练习试力的时候，要把注意力放在两只手上，因为手是人体最为灵敏的地方。赢人全在手腕之变化，不管有多少试力方法，其实都是手腕之变化，要通过不断地耍手腕儿来体现各种试力的不同用途。所谓手过留痕就是时刻要注意手上的意念。等手上有了感觉，逐步往身体的后面部位去想，手是靠肘驱动的、肘靠肩驱动、肩靠腰、腰靠腿、腿靠脚。所谓消息全靠后足蹬。总之最后要体会拳术是用全身的整体来驱动手这个工具，工具本身没有什么大的力量。试力的教学顺序应在掌握了摇旋、神龟出水的功法以后，再接触进一步的各种试力。没有摇旋与出水的良好基本功要做到有内涵的意拳试力是不可能的。只要有了摇旋、出水的基础，再学任何试力都会水到渠成事半功倍。所有这一切都可以在平行步浑元桩的状态下全部完成。然后再慢慢地加上摩擦步，比较完整的活步试力就会有个模样了。

二、“试力”的训练有哪些应该注意的事情?

“试力”是意拳训练中，最为复杂的一项内容。首先就要弄懂试力的概念、目的、地位。试力是站桩在时间和空间上的延续。站桩是培养拳劲儿（浑元力）的不二法门。试力是动起来的站桩，是摸索拳劲儿的重要手段。开始练试力的时候可以先从手部入手，因为手是人体最灵敏的地方，意拳很注意手部的动作，芗老说：赢人全在手腕之变化。然后逐渐按照意拳发力的顺序练习完整的试力，也就是注意大腿根部的伸缩所谓闹鬼的地方。试力抽象地说是要体会空气的阻力。实际上你可以把它看成模仿练习，比如钩挂试力是模仿在推手的时候两手在对方的下面，这时你就要想着在把对方拉过来的时候还要克服对方向下的压力和向内的挤力，也就是意念上要保持浑元力的六面平衡均整。初学试力的意拳爱好者最容易忽略的就是六面力的照顾。他们往往在练习钩挂的时候，只能做到前后的拉推，从思想上就没有上下、左右的考虑。实际上最容易忽略的拳劲儿是开合力，没有开合力的培养将来在推手练习的时候，就打不开对方的防守门户，也就是撕不开对方的防守。所以在练习试力的时候，就要有实际应用的想法，芗老曾说的“假想能否成为现实”，就是这个意思。在试力的提高阶段如果再练钩挂试力就要想假如两手都在对方上面那就和双手在下的情况又不一样了。手在上是压着拉、捻着向左右分，摁着往前推。手在下是捧着拉，挑着搓。特别是意拳的提高阶段，无论如何要把这些道理弄清楚。为了符合实际应用的情况，继续拿钩挂试力来说，练习的时候就要注意动作的节奏。也就是说不要像在初学的时候那样为了掌握动作轨迹而进行匀速的试力练习。在动作的转折处要有变速要包含发力，也就是要冷、脆、快，有突然性才能达到目的。其他试力同此理，学者应举一反三。大家可以参考中国式摔跤的练功方法：反复练习一个技术动作就是试力，就是摸劲儿。

三、什么叫顺力逆行?

顺力逆行在某种程度上，也是争力的一种体现。手越往后拉，力量出去越远，手往前指，力量越往后来。比如钩挂试力：手腕的曲折往后牵引产生钩挂之力，此时肘关节不能同时往后拉动，而恰恰相反有一股往前的顶力。当手往前推的时候，身体也不是同时往前用力，而应该感觉颈后有一股力量往后挺。如此做来才能体会出顺力逆行的拳术味道。

四、什么是“开合力”?

开合力是指左右方向的争力。所谓浑元力是指力在上下、左右、前后的平衡均整，也就是六面力。在拳术的力量训练中最容易忽略的力是开合力。上下、前后的力很容易体现，而左右的开合力就必须加以特别关注。在推手的时候缺乏开合力就会撕不开对方的间架，也就是打不开胜利的通道，说白了就是进不去。所以在着手试力训练的时候，就应该注意这个问题。比如钩挂试力，手往后拉的时候，要想着具有向上的托力和左右的撑力，手往前推的时候，要想着顾及往下压、往里挤的意念，如此做才能体现出六面力。其他试力都是这么个理儿。总之练拳的时候，就一定要考虑到全方位的平衡均整。

五、为什么说“试力如同在空气中游泳”？

芗老在他的许多论述文章中都反复说道：“试力如同在空气中游泳。”举个例子说明，如分水试力，两手往后拨水身体只能往前移动，两手往前划水身体只能向后移动，手往下按身体往上走，手往上撩身体就会下降，这是游泳运动的常识。芗老说试力如同在空气中游泳，非常形象地说明了在试力练习的时候，两手的运动与身躯的运动呈相对运动的形式。手与身体相对运动也是争力的体现，是矛盾力的体现。由于本人是游泳运动员出身，所以当姚师给我讲这个道理的时候，我能够很快加以理解并付诸实际。近来我听到了来自各方面的不同意见，有的意拳传授者认为我的理解是错误的，这些同门师兄弟说，手与身体往同一个方向移动才是整体力的体现，听起来也有一定的道理。我在这里只是谈出了我的个人看法，并非有一争雌雄之嫌。俗话说：抬杠长本事。姚师在生前嘱咐我们众弟子要一起凑东西。本着此项原则我说说我的意见，不对之处请大家批评指正，争论是好事，只有把问题弄清楚了才不会闹出笑话。

相对运动是意拳功法中非常重要的一项原则。向前发力往后用力（正发力）、向左发力向右用力（侧发力）都是这项原则的运用。大家注意没注意电视里的动物世界有老鹰抓鱼的场景，鹰在接近水面的时候两爪前伸，身体猛往前冲两爪顺势往后一扒将鱼稳、准、狠地抓向空中，这是多么精彩的相对发力，顺力逆行的示范呐。鸟儿在空中飞，翅膀往下扇身体才会保持上升，如果身体和翅膀“整”成一个方向，不掉下来才怪呢。再比如划船，桨往后划，船只会向前进，桨往前拨，船只会向后走。道理不是很清楚了吗。意拳活步试力又称陆地行舟也是相对运动的含义。手往后拉脚下往前进如是而已。

六、再谈什么是相对运动?

相对运动是意拳训练中一条非常重要的原则。所谓相对运动就是拳术力量要呈大小相等、方向相反的争力状态。芗老在讲意拳试力的时候说：试力如同在空气中游泳。讲的就是相对运动的理论。以分水试力为例，手往后划身体就会往前，手往下压身体就会上浮绝不会错。意拳老前辈经常把搭手下发力叫扒墙头看戏。就是讲身体和手的相对运动。你在两手下压的同时利用整个身体的下坠好像能称为“千斤坠”。实际上远没有手往下压，身往上长的力量大。后者好像体操运动员在跳马的时候，通过两手的下发力使身体腾空飞跃的状态一样。可以想象此时器械所受到的冲击力有多大。再如意拳的肩发力，手往相反方向抛重物，使肩部呈相对的弹性状态发出，而不是顺拐。意拳最重要的基本功摇旋试力就是最好最有效的培养相对用力的练功方法。

七、何谓“晃”?

“晃”是在有了相当的基本功以后，接触的拳术训练。在教学顺序上比较靠后。掌握了“摇旋”、“不对称十字支撑”(松胯桩)、“恨地无环桩”以后就有了身体左右倒重心的概念。“晃”就是在平行桩的间架下，体会左右倒重心，首先运动以头为主宰，身体向一侧晃动慢慢将身体的重心偏向一侧，支撑腿要有掖胯动作，整个身体要有“一动是横”的意念。此时肩部是不平衡的状态，一侧高、一侧低，所谓歪有歪的道理。在支撑腿掖胯的同时，另外那条腿要有蹬地的意思，着重体会左右、上下之争力。通过“晃”的训练，才能逐渐掌握和提高拳法的协调和有力。因此“晃”也是不可或缺的意拳基本功。

八、有关摇与旋的补充练习

有的意拳爱好者在我的博客上提出了练习摇与旋的时候脚下是否有相应的动作的问题。我来介绍一下：练习意拳的人们都知道摇与旋的重要性。我们在已掌握基本的摇与旋练习以后可以尝试把中国式摔跤的基本功“崴桩”加进摇旋之中。也就是一边摇旋一边做两只脚的同方向转动（当然是前脚掌）。这个动作比较复杂，要慢慢体会逐渐把完整动作做协调了，也就是做顺了。这也体现了“腰似车轮腿似钻”的拳谚。摇旋是非常重要的意拳基本功，要完整地做下来不容易，所以，要一步步来，不能一口吃个胖子。初学先做摇，也就是体会身体躯干与手的相对平面移动，然后再学习旋，也就是体会躯干与手的相对旋转。这些练习都很熟练以后才可以加上崴桩也就是加上脚下的拧转。

九、意拳摇旋的基本功练习加上中国式摔跤的基本功崴桩内涵练法是何来源？

在我以前的博客上有一篇关于摇旋加崴桩的基本功练习。听说有的同道对这种练法的出处是否是姚宗勋先生所授提出疑问，我在这里解释一下。的确我的恩师姚宗勋先生没有亲自教给我这种练法。但是姚先生谆谆教导我们：功夫是凑出来的，学习要举一反三。根据这条宗旨在我的学拳过程中凡是对提高拳术有意义的事都会予以重视。摇旋加崴桩的练法得益于我的师伯卜恩富先生，有一次在我家卜师伯看我做摇旋，说：家骢你练过摔跤，试着把崴桩加到摇旋里面看看怎么样。结果我一试还真好，从此我就在练摇旋的时候有意识地加上了崴桩。在我与卜师伯的弟子们的交往中也经常看到他们在练崴桩的时候会加上摇旋的内容。赵英杰、苏肖发几位在我家里都做过这样的演示。但是在我的教学活动中，初学者是按照传统功法练的。只有在提高阶段的老学员中我才会教他们这样练。实践证明这样练的效果很好。有的学员说自从加了崴桩以后，步法有了明显的提高，感到有一种脚下被解放了似的轻松灵活。芗老、姚师一贯主张师古不泥，任何对学术有益的东西都可以拿来为我所用。我在自己博客上写一点文章，一是自娱自乐，二是汇报一下自己的练功体会，衷心希望能得到同道的批评指正，大家都来探讨一些技术问题，意拳的前景就会越来越美好，不是吗？

十、练功与运用中怎样体现“腰似车轮腿似钻”？

在人身骨关节的构造上，踝关节是一个杠杆儿的构造。无论你背上负有多大的重量，你可能蹲起曲伸膝关节有困难，但是你要想翘脚根却很容易，这就是杠杆儿关节的妙处。中国式摔跤的基本功里，大小崴（wǎi）桩是很重要的功法，俗称“转自脚”，在使钩子、别子等技术的时候脚下的拧转都决定了动作的成败。这当中的道理就好像一个圆从中心转动一个小角度都会在圆的弧度上体现出一个相当的长度。拳理和中国式摔跤一样，没有脚下的灵活转动就体现不出拳劲儿。意拳最重要的基本功摇旋，在最后的提高阶段都要加上脚下的拧转也就是加上崴桩。在出拳练习的时候要在平行步的基础上保持“肩架”（金三角）两只胳膊不动，体会用脚下的拧转把拳发出去，也就是消息全凭后足蹬的含义。此外所有的试力、发力乃至推手、断手的技术运用都离不开脚下的拧转。试想你要发后手拳，后脚不许转动，你能打出有力的拳吗？比如在推手当中你脚下不灵活什么技术也不好使，拿偏挂来说上肢动作有了，缺少脚下的拧转你的威力就会大打折扣，加上崴桩就不一样了。可以理解为用脚去推手，功夫不够步子凑。

十一、“推下坡车”的意境假借是怎么回事？

在我介入意拳训练的时候，姚先生没少给我讲解“推下坡车”的意境假借，大师兄白金甲在这方面也没少辅导我。我体会“推下坡车”的意境假借在我的学拳生涯中确实让我的认识与提高受益匪浅。不管是站桩还是试力，包括活步试力都离不开“推下坡车”的意境假借。比如站丁八步扶按桩就好像在推车（最好是想象推独轮车），两手扶按车把，脖子后面套着连接车把的绳索，这样一来你就会体会到在控制小推车的时候有很多微妙的力量。有三角间架和各个方向的争力等等。如果你进一步设想是在推下坡车，你就会感到两手必须既有控制左右平衡的力量还要有往下、往后的牵引力量，脖子后面也要有上下、前后的争力。这股子劲道挺难拿捏，需要我们认真地体会，揣摩意中力是一件很有意思的工作。脖子不挺住，两手不控制，那就好看啦，非轱辘下去不可。但要是只有控制，脚下没有前进的动作怎么完成推车的任务呢。既要前进又要有控制这才是“推下坡车”意境假借的奥妙所在。

十二、怎样通过“翻饼试力”体会六面力？

意拳的发力来自大腿根部的伸缩，许多老练儿说这里是闹鬼儿的地方，话糙理不糙，就是那么一回事。身似弓弩拳似弹，意拳在十字上面求生活，都离不开大腿根部的运动。我们在练习“翻饼试力”的时候，开始只要注意身体的上下震颤即可，进一步练习就要增加前后力量的培养，此时我们要设想在大腿膝关节的后面（腘窝处）有一块泥巴，通过膝关节的收缩与伸展产生的弹力把它甩掉。接下来我们还要设想在两个膝关节之间有一条短绳，通过身体的上下振荡同时要把这条短绳左右扽断。通过这些意念活动我们就可以在经过一定时间的练习后，逐渐培养和体会到“翻饼试力”的六面力，也就是所谓的浑元力。举一反三，其他的试力我们也应该多动脑筋，充分通过试力认识和掌握六面力即拳劲儿浑元力。六面力最容易忽略的是左右方向的开合力，在做任何试力的时候，都要考虑到这一点。

十三、“出入螺旋式”是何含义？

芗老在他的拳论中强调：动无直出直入。就是说打拳不能直接向前向后、向上向下地去做简单的运动，而要做到“出入螺旋式”。而这所谓的螺旋又不是肢体简单的拧转。拿钻拳来说出拳的过程，要想象自己的前臂好像一个空的容器里面装有半筒子的水，要在出拳的过程中用这半筒的水去涮洗筒壁，如此才能从内在的拳劲儿上体会什么是真正的螺旋。举一反三，依此类推所有的试力、发力、单操手乃至实作都要贯彻这一个内在拳劲儿的培养。如我们在做“翻饼试力”的时候就要想着如何把体会“涮”的意念转化为实在的螺旋力。这一步是提高我们拳学修养画龙点睛的重要关口。

十四、什么是“涮筒子”基本功?

“涮筒子”是意拳基本功里比较有内容的一项练习，过去前辈们一般都不轻易讲这个小机密。说明这个东西很重要。所谓涮筒子就是设想自己的两只前臂，好像是两个空塑料瓶。瓶里装上半瓶子水。然后在练功的时候用意念想着，顺时针或逆时针，也就是向前或向后把水晃荡起来涮瓶子的内壁，用意不用力，这个练习培养真正的螺旋力。那种手臂外形的转动，不是有用的力量。能做到涮筒子才是拳术中应有的螺旋力。大家可以这样试一试，在打钻拳（相当于拳击的上勾拳）时，把涮筒子的意念加上，是否觉得更有力一些。因为这样做，能发挥调动更多的肌肉组织参加工作。其他的发力运用可举一反三，兹不赘述。

十五、试力中如何“拉趾儿”“打横”?

“拉趾儿”“打横”是试力练习中不可或缺的两个技术要领。“拉趾儿”是中国式摔跤中一个技术术语，在意拳练习中前脚脚趾扒地沿着地面往后拉，同时体会膝关节处有力向前指，这种技术含量与中国式摔跤“拉趾儿”的内容近似，所以就借用了这个术语。我们从站桩起就开始注意培养“膝关节一处力之生发”就是强调这种劲儿。在做任何试力的时候，不但要注意手部的意力，更应该有意识地培养手与脚的配合。比如以伏按试力来说在两手往下按的同时就应该体会脚下“拉趾儿”的意念。也就是前辈所说“手脚齐到法为真”。如此做来才能体现整体力量的发挥。只有手来做试力，那就只是局部的力量，与拳术所要求的劲道相差甚远。伏按试力如此，那么下发力不用说就是这个劲儿了。所谓“打横”就是指身体横向的移动。“摇旋”基本功中的“摇”就是培养的这股劲儿。我们在做任何试力、发力的时候都要注意身体的横向移动。以分水试力为例，一开始手与身体的相对运动是在体位中间运行的，此时你如果加上身体打横的意念，就立即会感到力量圆满多了。以此类推，举一反三，你很快就会感到各种拳法、各种发力都应该这么做。这就是芗老所说“一动是横”，旨哉此言！所以我们在日常的训练中，为师者经常要提醒大家的就是“拉趾儿”“打横”。

十六、什么叫“手过留痕”？

有朋友来电问这个问题。“手过留痕”的意思是说在试力的过程中，要注重手指部位的感觉。所谓取胜四梢均要整，只有我们的意力能达到指尖，试力的任务才算有了结果。王老在《拳道中枢》中提到的“手尖用点儿力”就是这个道理。手过留痕的意思，就是在试力的时候，要感觉五个手指好像能在物体上划出五个深道儿来。在开始练这个时，不要过多考虑紧张的问题，意感加强了以后，自然就不会那么僵硬了。除了要注意手指的意念要加强，同时也要注意脚趾的扒地。四梢的意力都到达了，当然全身的力量就会完整了。

十七、试力能体会到“空气阻力”吗?

武术运动能涉及空气阻力，这不是胡说八道吗。空气阻力是只有在航天领域里才能够涉及的概念。实际上通过意拳有关试力的特定意念和拳学的原则原理，就能够感觉到空气阻力确实存在。拿最基本的饴糖试力来举例，当手腕往上往后的时候，此时的肘关节应该是相对运动，意向前指。这好像举重运动员提铃至胸的状态，两手在往上翻的时候，两肘必须向前顶。而双手往前下推的时候，两肘应该是比腕关节高的形式。此时的意念应该是手往下摁住了东西，再用高状态下的两肘催着两手往前推。此时你就会感觉到推不动，也就是有了阻力感。只有做到这些技术上的要求，才能够感觉确实有空气阻力的存在。那种没有技术含量的试力，是无论如何也体会不到空气阻力存在的。有的练家子，故意做出来所谓的“高频震颤”，是自欺欺人的拙劣表现。于人于己都没什么益处。意拳的一个重要的拳学原则，就是相对运功。比如前面所说的饴糖试力，就是充分地利用手与肘的相对运动产生的矛盾争力来体会空气阻力。如果你能做到这样自然就可以感觉到这种奇妙又普通的意境。饴糖试力弄明白了，举一反三，其他试力也要这样考虑注重矛盾力的建立。所谓推不动、拉不动的感觉很快就有了。

十八、为什么说“习拳贵手有劲儿”?

芗老在他的文章中有大量关于手在拳术中的重要性的论述：“习拳贵手有劲儿”“指端如透电”“用拳需透爪，用掌要有气”“手过留痕”等。手是梢节，经常是体现拳术力量的最终表现。练试力的时候，要从手开始，姚宗勋先生说要把两只胳膊练成两条蟒蛇，那两只手就是蛇头。没有蛇头的蟒蛇那是死蛇。你见过低头耷脑的蛇吗？蛇的威胁和可怕就在于它头部的忽忽悠悠，吐芯的恐怖。所以我们无论是站桩还是试力操拳，都要保持手部的一定运力程度。“取胜四梢均要整”，如果你要把一张动物的皮固定在墙上，就一定要首先想到固定它的四梢。也就是它的四蹄的尖端，只有这样才能保持皮的挺拔。也就是“整”。

十九、“节奏”与“频率”在练拳中是什么意思？

意拳试力在初学的时候，为了很快掌握运动技能的全过程，必须以缓慢的匀速运动来完成。但是到了接近实用的练习中就应该有节奏上的变化。比如钩挂试力在有意识把对方的两臂往回卷裹的时候，不能只是匀速运动而必须是变速，也就是一个加速发力的过程，到了发放对方的时候又有了速度上的变化。所谓“节奏”是在某一个动作单元内部的速度分配。就像一首乐曲在每小节、每小段都有速度上的变化，几分音符唱几拍，总不能是一个速度，那就不是乐曲了。拿自由泳技术来说，空中移臂、臂入水、摸水、划水，整个动作有快有慢才能保证身体的前进。所谓“频率”是在单位时间内动作完成次数的多少，比如一分钟，甲能出100拳，而乙能出80拳，那么我们就可以说甲的动作频率比乙快。在我的教学活动中，经常遇到学员分不清“节奏”与“频率”的概念，你叫他注意节奏，他就拼命加快速度越练越没有拳术的味道。所以这个问题大家一定要搞清楚。

二十、意拳“健舞”是怎么一回事？

意拳健舞是在掌握了大量意拳基本功的情况下，进行的综合练习。没有深厚的基本功基础练不出比较像样的健舞。健舞根据训练目的的不同，所包括的内容也不尽相同。比如练习技击的健舞，俗称“打鬼”。打鬼所练习的内容是组合拳、各种实战发力。打鬼的意思就是和看不见的虚拟敌人在进行战斗。这种练习需要相当良好的身体素质和完善的技艺功底。还有一种情况就是演示意拳所用的健舞，那就比较随意，你可以任意组合自己已经掌握的所有试力、发力、试声、步法、身法等，至于时间长短、动作多寡均可自由发挥。打鬼亦可作为一种检验训练水平的考核手段。通过一个人的健舞演示，就可以看出他所掌握的意拳基本功程度。一般最少能够看到的是，有没有“摇旋”“神龟出水”等最重要的基本功。再者健舞中有没有意拳原则、原理之体现。比如，相对运动、身动为主手动为辅、争力之枢纽在于上下，等等。这是对从事技击训练的人员而言。如果您是以练健身养生为目的的意拳爱好者，练健舞，就没有这些麻烦事。您可以采用“书法”的方式练“健舞”。具体做法就是，用手指在空中写字。可以定位写也可以活步写。至于写什么字，那就随您的便啦，签名啦，写些吉祥话啦，爱写啥写啥。具体要求只有一个，那就是“指过留痕”。意思是说把书法的意念注意力放在自己的指尖上，好像手指过处在空气中能留下一笔一画，如此而已。

二十一、意拳之“健舞”是怎样的练习?

意拳健舞实际上就是活步综合试力（含试声、发力）。练习健舞需要在有很深厚的基本功的前提下方可练习。不然的话，练不出意拳的味道，也就是看不出拳劲儿。虽然芗老有四形的说法，什么“挥浪”“惊蛇”“游龙”“白鹤”等，但是意拳健舞没有固定的程式，好像现在年轻人跳的那种“迪士高”只要踩上鼓点儿，自由发挥随心所欲。健舞水平的高低，可以体现出一个练习意拳爱好者的技术熟练程度。此外健舞也是模拟实战的一种训练手段。但比较起来，健舞的模拟实战要比“打鬼”轻松一些，动作的幅度、节奏也相对舒展柔美一些。“打鬼”从运动的激烈程度上要比健舞强烈得多。“打鬼”和拳击训练的空击是一个意思。依我本人的看法，意拳爱好者不要急于练健舞，把一些必需的基本功熟练地掌握以后，健舞是水到渠成的事情。

第四节 步 法

一、怎样练习“摩擦步”?

任何一项体育运动，步法训练都是非常重要的组成部分，技击尤为重要。所谓：手到步不到打拳不为妙、脚打七分拳打三。意拳的步法训练从练习“摩擦步”开始。最初接触“摩擦步”，可以在平行步站桩的基础上进行平行移动的步法练习。就是先把两脚并拢再恢复平行步站桩的位置，要注意整脚横向的搓动，也就是横向的摩擦，不要脚离地迈步。进一步可以在平行移动的基础上，稍微加大一点两脚的前后距离，也就是前后脚的距离有5厘米的样子就可以了。然后逐渐加大两脚之间的距离，向正常的摩擦步练习过渡。这样做能够很快地掌握“摩擦步”。最后在练习中注意“掖胯”“磨胫”“提、趟、扒、缩”，整个完整的摩擦步练习就可以很好地完成了。

二、意拳基本步法练习应注意哪些要领?

意拳基本步法称“摩擦步”。最基本的要领是“提(膝盖)、趟（脚)、扒（脚趾)、缩（脚心)”。再有就是“掖胯，磨胫”，掖胯要注意在意念上设想髋关节的大转子处好像有一个垂线落在支撑脚的外面将近一个拳头的距离，目的是为了加强单腿独立的稳定性，掖胯也是一个蓄力的过程。在落步的时候，特别要注意脚的移动方向一定要横搓，就像滑冰时的急停一样，冰上再滑你往横的方向蹬冰，就会制动。有的意拳爱好者在发力的时候，没有做到这一点，而是直接向前搓脚，很容易把自己滑倒，同时极易造成身体的损伤。

三、摩擦步走不稳应该怎么调整?

摩擦步常规的口诀是“提、趟、扒、缩”。除此之外，要注意两手好像拿着一根平衡杆儿，就像杂技演员走钢丝那样，利用这个意念来控制平衡。需要在手上建立争力，即设想两手的中指往外指，其他四指往里插，如此做来，手上就会有一种稳定的感觉。再有一条重要的技术要领，就是设想支撑腿的胯骨轴（大转子）的垂直线放在脚的外面，也就是有一个假想中的附加支撑。能做到这些，步子的稳定性就会有保证了。

四、练习意拳步法有哪些注意事项?

意拳的步法练习又称摩擦步，初学走步的时候一定要规规矩矩按照动作要领去认真地学习，所谓没有规矩不成方圆。比如传统的口诀“提、趟、扒、缩”，“掖胯磨胫”那是非常重要的。提，是指把整个脚从泥地里提起来。趟，就是趟泥前进的感觉。扒、缩，是指脚落地的时候五趾要抓地，脚心要往里缩。通过扒、缩体会前脚髌骨力向前指的技术要领，等于是一个蓄力的过程，就好像弓上弦，一放松就把箭射出去了一样。掖胯也是蓄力。磨胫就是走步中间两脚并拢时要求两小腿的内侧要有接触的感觉。前面说的是练习走步开始时候的练功状态，等练到非常熟练的时候，就没有这么细致的要求了。在应付技击的时候就应该是“乱踩乱点皆成步法”。在走步练习中有一个非常重要的技术要领，经常被人们忽略，就是在落脚的时候往往一味地前搓，这是非常危险的动作，弄不好就会给自己带来很大的伤害，最少就像脚下踩了滚珠一样的极不稳定。在落脚的时候一定要往横向移动，就好像滑冰运动员冰上刹车制动一样。这一点是一定要牢记在心的，以往的教训不可不引以为戒。

五、什么是“陆地行舟”?

“陆地行舟”是指意拳训练活步试力中的手脚配合。有的小河不宽，不用撑篙划桨，只用一条绳索连接两岸，然后只用两手拉拽绳索使船前进。我们在练习活步试力的时候就好像如此这般。要注意手不要动，好像两手攥住绳索一样，往后一拉脚下就会向前移动，由于是在陆地上模仿行船的动作，所以称为“陆地行舟”。“陆地行舟”的要领就是手不要动，身体和步法在动。

六、再谈所谓“陆地行舟”是怎么回事?

“陆地行舟”是意拳活步发力的一种状态。早年我在家乡的时候，经常在海河的摆渡口看到不用扳桨、撑篙的方法渡船。而是在河的两岸连接一条很粗的绳索，然后用手捯绳索把船拉动向前，完成摆渡的任务。“陆地行舟”就是借用这种渡船的比喻来形容意拳活步发力的状态。好像用手往后去拉陆上的一条绳索，而使自己的脚下向前滑动。这就叫“陆地行舟”。也是身体和手形成相对运动的理念：手往回拉，人向前走。意拳活步试力还可以想象摸索推下坡车的那种感觉，用手往回用力，控制车把，然后动步前进。这与“陆地行舟”异曲同工。都是体会身体与手的相对运动。芗老的缩即发就是这个道理。

七、意拳步法训练应该注意哪些问题?

意拳步法训练的基本练习是“摩擦步”。顾名思义所谓摩擦就是要脚不离地进行练习，但这只是初步，再进一步练习的时候就有了脚提起来的步法练习，高度不要超过自己的膝部，这样的练习就接近了实战的意境。摩擦步的基本要求是提、趟、扒、缩。每一个完整的步法在初练的时候一定要经过两脚并拢的阶段，至于到了实际应用的时候就没有那么严格的要求了，所谓没有规矩不成方圆。在提高阶段还应注意在向前落步的时候，要设想前脚和脖子后面有一条连着的细绳，脚一落地，就要踩着绳子头把连着的细绳抻紧，只是抻紧不是抻断。这时应该有一种全身挺拔的感觉。好像京剧演员亮相那种意境。进步踩前脚，后退步也要踩前脚。再反复提醒大家，落步的时候一定要横搓，千万不可直来直去，有人仰马翻之虞。

八、意拳步法练习应该注意哪些事情?

近来各地的意拳爱好者通过各种途径向我提出有关意拳步法练习的一些问题。 我在这里一并说说我的看法供大家参考。首先有的先生说走步可以坐着练，还说在走步的时候把两只手背在身后练习，我没有这方面的经验，我以为这样练不太现实。意拳的摩擦步是行进中的练习，和应付实战密切相关，所以应该直立行走练习。在开始练习的时候，为了保持身体的平衡，两臂平伸好像拿着一根平衡杆或者想象用两只手扶住两边的栏杆。还有一个小窍门对步法的稳定有好处，那就是注意支撑腿的胯骨轴（大转子）好像有一个下垂的直线落在脚面的外侧，就是说多了一个想象中的附加支撑。再有特别应该注意的就是进退落步一定要横搓刹车。

第五节　发　力

一、何谓“鼓荡”?

说“鼓荡”似乎很神秘，换一种通俗的说法，就是逛荡、晃荡、咕涌。举一个例子：当年卜恩富师伯在红领巾公园游泳池工作的时候，有一次清理场地，需要把汽油桶里的雨水倒掉。开始的时候两个小伙子把一个装有半桶雨水的桶推倒挺费劲。卜先生说看我的，只见他先把桶往前推一段距离，然后猛然利用全身的整力，往回一拉，利用桶内水的前后逛荡，桶倒水净。这就是“鼓荡”。姚宗勋先生在讲解意拳发力的时候说过要依靠身体的后倚与前撞。中国式摔跤所讲究的来回劲儿，都是一个意思。正发力要求双手指尖有血液破指而出的感觉，也是一种鼓荡的意思。再比如在打钻拳的时候，要设想自己的前臂是一个空桶，好像矿泉水的瓶子一样，里面装半筒子的水，然后意念中想象利用前臂的旋转，用半筒子的水去涮一圈瓶壁，这样打出的钻拳才有意拳的味道。不这样做，只考虑前臂的拧钻是不够的。再说你如果在练摇旋的时候把自己的身体想象成一个大空桶，再用里面的半筒水去涮桶壁，那不就更有意思了吗。说开了这都是“鼓荡”。

二、有关意拳发力的一些问题

发力是拳术有效打击的动力，不同于我们日常生活和工作中的习惯用力，也不同于一般体育运动的用力方法，有其自身的独特的技术含量。按体育的说法就是中华技击所特有的专项身体素质。练习发力在整个意拳训练体系中，是最后的功课。首先要有站桩、试力的坚实基础，身上具有一定程度的浑元力以后，才谈得到练习发力。浑元力的培养需要一个艰苦的训练过程，要求身体各部的高度协调。形意拳有内三合、外三合的说法，芗老说：周身之法相合谓之合，非形势相对之谓合。就是说光有六合是远远不够的。练习意拳发力，可以借鉴举重运动的提铃至胸和挺举的技术概念。首先要掌握大腿根部的伸缩，意拳老前辈经常说这里是闹鬼儿的地方。消息全凭后足蹬的起始点在于胯部的松紧。接触意拳发力必须弄清拳理之所在，最重要的发力理念就是“缩即发”。发力不是想往哪个方向用力就直接向那个方向使劲儿。正发力手甩沙子的训练就是体会手往后甩力往前发的思维理念。用冲击钻的工作原理来比喻：既有前后的撞击又要有旋转的冲击。那正发力就要靠身体的后倚与前撞，自胯关节始的下肢动力，还要加上前臂的拧转也就是螺旋力的启动，这么一个复杂的工作程序才能完成一个有效的发力。所以没有坚实的站桩基本功是谈不上意拳发力训练的。再有浑元力的培养，还要注意开合力的重视。因为前后、上下很容易体会，最难也最容易忽略的方面就是开合力也就是左右的力。在实践中我们不管是手在上还是手在下，不用开合力将对方的防区撕开就达不到进攻的目的。所以在练习发力的时候，要特别注意开合力的培养。

三、“甩沙子”是练习什么用的?

“甩沙子”是姚宗勋先生在教正发力的时候，采用的一种教学手段。看起来很简单，实际上对正确掌握意拳发力有重要的作用。“甩沙子”要求设想两只湿手沾满干沙子，然后用甩手的动作利用制动原理把沙子甩出去。这是个技术活，而不是力气活。好像农村秋季在场院上扬场，要利用风力把米粮和糠稗分开那样，用的是巧劲儿，不是蛮劲儿。木揿用力大了就都出去了分不开，用劲儿小了就都出不去，干不了活。一定要用适当其可的巧力才能完成这项工作。意拳发力是弹性力量，不是直不楞登地往前一杵。在练甩沙子的时候，特别要注意力向上、向后甩，不是向前甩。芗老说：缩即发。形意拳把这叫：猴煽风。都是力向后使的意思。正发力看上去两手是往回收了，但是步法往前进了，脑门儿往前砸了，也就是力量的发动来自全身整体的发动，而两手只不过是加强刚度而已。手一主动前伸，就只是局部力量谈不到拳劲儿。正发力的感觉就好像手往回收，步子往前踩，脑门儿往前砸，整个身体扑向了目标，是把对方撞出去的而不是推出去的。形容正发力也可以按形意拳的说法：虎扑。再形象点儿说，好像在对方身上做了半拉俯卧撑。

四、发力究竟是应该提胯还是坐胯?

有网上的朋友提到这个问题，您谈到的提胯和坐胯的问题其实是一个完整的动作。不知您看过举重运动员在挺举的时候是不是先坐胯然后再提胯来完成动作的。挺举是两个动作分开做，也就是整个环节由两个动作组成。意拳发力是一个坐胯、提胯的联合动作，要求一下子完成，也就是常说的要一不要二。坐是为了提，所谓缩即发就是这个道理。坐（缩）是为了压缩大腿根处的弹簧，提是发的动力。缩即发好像迫击炮的工作原理一样，向后压迫弹簧产生向前的动力。提与坐是一个问题的两个方面，意拳发力用一些老人的说法就是大腿根部在“闹鬼儿”。说文一点是全身之“鼓荡”，说通俗一点叫“咕涌”，或者干脆叫“一激灵”“一哆嗦”“一忽悠”“一咣当”。都是一个意思，就是要把坐胯和提胯做成一个动作，所以辩证地说缩即发也。

五、关于大腿根部的发力

有拳友提出有关大腿根部的发力问题。周身无点不弹簧，周身如同一个大弹簧。大腿根部的伸缩是体现这个大弹簧的工作状态。开始注意这个问题的时候，要体会跳伞着陆时那种感觉，也就是从高处往下跳，落地时那种状态。大腿根部有一个缓冲制动（刹车）才能完成正确的动作。奥运会刚刚开完，大家会记得举重运动员在提铃至胸的时候大腿根部就是这种情况。大腿往下蹲是肌肉的退让性收缩，无须用力完成，那是一种自由落体的状态。随后的制动要用力挺住，那就是发力状态。

六、所谓“神经激发”是什么概念？

意拳重精神、重意感、重自然力之锻炼。意拳之所以叫意拳，是特别强调意在拳学训练中的重要地位，也就是重视拳术之中的精神力量。古代有名的飞将军李广在夜间巡逻的时候，看见草丛之中有一猛虎，开弓一箭射去（林暗草惊风，将军夜引弓），等天亮了以后再看原来是一块大石头（平明寻白羽，没在石棱中）。此时无论李广再怎样拉弓射箭也不能把箭射入石中了。这就是精神的力量在不同意境中的不同体现。所以意拳发力的时候就有“力透敌背”“打要远力要绝，不胜必有怀疑心”的诸多要求。

七、何谓“八面出锋”

所谓“八面出锋”是指意拳发力时的一种状态。芗老说：

"力一有方向便是错误。"这句话很难理解。因为所有的体育项目的发力都是有方向的。一般体育项目所讲究的发力为爆发力，意拳所讲究的是爆炸力。爆炸力是没有方向的，从一中心异向发出。姚宗勋先生在讲意拳发力的时候，强调下盘要在意念上想用臀部往下猛坐在一个大弹簧上，后胯与前膝保持前后之争力，这样就有了上下、前后的争力。所谓浑元力是上下、左右、前后六面力的平衡均整。以上的做法还缺的是左右之争力。六面力经常容易忽略的是左右之争，也就是开合力。此时要在意念上设想，在后胯往下坐，前脚往下踩的同时，把身体从尾闾处横向劈成两半儿，还要想着在配合发力的时候，两手横向把意念中捆绑两臂的绳索一下子挣断，如此才能体会八面出锋之爆炸力。

八、什么叫"缩即发"？

芗老讲意拳发力是缩即发，从身体的外形上来看你看他是收缩肢体的状态，实际上是压缩膨胀的弹力表现。也就是在接触对方肢体的时候首先是一个卸力过程，就好像接垒球的一瞬间那样不是直接的碰撞，而是手迎着来球稍往后撤，这在拳术上就是引进落空，然后利用肢体的膨胀反弹把力量发出去，完成放人的目的。当然最难办的是缩即发的火候，只能靠刻苦训练与实践才能逐步达到。

九、如何理解"缩即发"？

发力在拳术训练中占有很重要的地位。意拳发力要求在动作极小、时间极短内突然发出迅疾刚劲之力，犹如火药之爆炸，故前辈名之曰爆炸力。力发之前都有一个蓄力过程，就好像发动机的点火系统有一个压缩一样。力未发出时，由意念将力回争。欲向前发则力向后争，欲后发，则力向前争，欲上则先下、欲下则先上、欲左则先右、欲右则先左。力之发放是争力的体现，是弹力的形式。比如正发力首先要用意念将力回收，也就是压缩，再利用身体的后倚与前撞将力弹出，而不是直接向前用力把人推出去。意拳老前辈发人，你从动作上看不出他是在推你，明明是看他的手臂往回缩就把人弹出去了，这就是“缩即发”。培养“缩即发”的最好方法，不外乎技击桩的“扽绳”。

十、什么叫“意不有相、形不破体、力不出尖”？

所谓“意不有相”就是自己的想法和意图不能在表面上带出样子来。所谓“形不破体”就是身体运动的外形不能破坏整体的均整。所谓“力不出尖”有两层意思：从狭义来说力不出尖就是在发拳、发力的时候手不要超过前脚的脚尖。而从广义上来说，随着技艺和功力的提高，只要在自己能够控制的范围内做任何发力也不是力出尖。力不出尖的打法是意拳独特的发挥浑元力的优良打法。能够保证攻守兼备技术合理合法。

十一、意拳试声是怎样的练法？

试声是意拳训练最后阶段的辅助练习。试声为补发力之细微不足。学员在有了相当完整的意拳基本功之后，在掌握一定水平发力的情况下，开始初步介入试声练习。试声是用声由内转的功夫，调动全身的筋肉力量，发挥最大极限的能量，应用于技击实效。意拳试声只有一个字那就是“yao”。根本就没听说过五字法、七字法之说。芗老有关发力的经典语言是“缩即发”。配合缩即发的肢体动作，试声也是声往回收。用意把声音产生的气体内收，压迫横膈膜，好像一块大石头一下子掉到井里那个感觉。“yao”字可以用拼音的方式变成“一——要”。开始练习试声的时候，要慢，在熟练的基础上，正式练习试声。检验试声是否正确的方法：用手掌挡在嘴巴前，当发声的时候不应有空气外喷。试声由有声过渡到无声。它不是为了吓唬对手，而目的是将发力做得更充分。

第六节　推　手

一、怎样练推手?

意拳是实战拳法，推手的目的是补断手之不足。按传统的练法，应该是实推真做。但实推真做应该逐渐向正规的技术方向过渡，而不应该停留在所谓“挖泥鳅”的初级阶段。窃以为，要很好地掌握意拳推手进行有计划的系统训练，就要在开始练习推手的时候，采用互相“喂”的教学方法，逐步把几种试力的手段通过双人练习落实到实际运用。然后再放开了去做。实践证明这样的训练手段能够有效地提高推手水平。在推手训练中，始终要注意守中用中、指力的意念，不能光是两个人在画圈儿玩儿。进一步地练习，就要在一接触对方手臂的时候，就应该有打击的想法，你一出手打他，他一有防守动作就形成了事实上的推手。这种练习可以叫作半搭半断。

二、推手练习的目的是什么?

意拳的推手练习是技击实战的一种手段。当双方接触的时候不可避免要产生肢体的缠绕，当拳击比赛到了这样的时候，只好等待裁判叫分开或停止了。可中国拳不一样，此时正是可以发挥推手技能的时候。意拳推手是为了补断手之不足。王老曾经说过：“打人你着什么急!”意思就是说要把人捆起来打，也就是说要把对方控制起来。意拳推手的技术就是控制人的技术。此外断手是打击力给对手造成的伤害较大，而推手的发放力相对来说伤害力要小一些。这样一来推手就可以作为一种日常训练和切磋的很好手段，保留在意拳的训练当中。

三、推手技术中“点前紧、点后松”是什么含义?

推手时双方两个前臂搭在一起就产生了接触点。这个“点”有很大的学问，打个比方这个“点”就是战场上短兵相接的前沿。点前的小股部队是尖兵、侦察连、斥候，负责探索对方力量的方向和大小，决定点后大部队的调整和调动。所以要保持适度的紧张和灵敏。通过接触点上的感觉来了解对方力的大小与方向，决定采取怎样的应付办法，不能松懈。点前松了不但消息不灵通，而且会影响整个身体力量的大小与协调。

与此相反点后要保持松活，点后松，等于后续大部队的待命集结，随时根据前沿的消息准备撤退和反击。一旦“点”上传来有战机可乘的信息，则大部队马上扑上去解决战斗。如果点上松懈了，大部队什么消息也得不到，很可能造成局部失利甚至全军覆没。如果点后的大部队过于紧张，就不能保证攻防力量的灵活机动，因而处于被动，不是错失良机就是兵败如山倒。所以由于地位、任务的不同，点前点后的松紧也有所区分。

四、怎样理解“赢人全在手腕之变化”？

芗老在他的著作中多处提到“赢人全在手腕之变化”。在意拳训练中手腕的细微变化是非常重要的奥妙之所在。比如正发力最后落成的手部姿势，应是大拇指朝下。也就是推托桩二指勾眉的状态。非如此不足以撑开对方的防守间架。拿站桩来说，不管有多少种站法，都离不开手腕之变化，而手腕的变化是根据不同形式的需要而设计的。如背手桩是强化克服对方强力下压的手型状态，扶按桩是双手在上控制对方的手法等等。在初学推手的时候，首先就应该弄懂手腕变化的重要性。不管手在对手什么位置都要用凸面去接触他，比如双手在上应该是扬腕好像手背与手腕之处夹着一个球，反过来双手在下应该是抓球桩的样子双手扣腕似抓一球，从外往里拨，应该凸出拇指一侧的腕部，从里往外撑，应该凸出小指一侧的腕部。如此等等。好像拉小提琴，往下运弓必然是拇指一侧弯曲，小指一侧凸出，而反过来推弓，就必然是小指一侧弯曲，拇指一侧凸出。拉二胡也是一样，往外拉弓必然是扣腕，推弓必是扬腕。意拳讲究无弯不夹，无节不顶。扣腕是抵抗下压之力加强。扣腕抓球的意念越强对抗下压的力就越大。扬腕夹球的意念越强，下压的力就越大。这样产生的力，不是简单直接的力，而是有物理学以及建筑构造方面的道理内涵。练习意拳应该掌握最基本的力学原理，如杠杆、斜面、滑车、螺旋等等。除上所述，“赢人全在手腕之变化”多少还有智取之意，所谓“要手腕”是也。

五、什么叫“脱点”？为什么不能脱点？

意拳推手的目的是补断手之不足，也就是说推手是为断手服务的。拳击运动当两个人纠缠在一起的时候，只有等待裁判叫停止或分开了。中国武术的实战技术比较丰富，所谓“远拿近打靠身摔”。当两个人的肢体纠缠在一起的时候，更能发挥中国武术的长处。意拳在推手训练中，更加强调实战的真正意义。推手基本上是两个人前臂的缠绕，两条直线的交叉就有一“点”，在意拳推手中“点”的意义很重要，全部推手技术以及决定胜负的关键，在很大程度上取决于“点”的利用。意拳的推手原则要求点上要有指力，所谓指力是要通过两臂交叉的点有意识地指向对方的中线，也就是口鼻部位。所谓“脱点”就是练习的一方在纠缠的过程中突然想抽出手来进行偷袭。由于点上的指力作用对方已经形成威胁的势能，此时一旦脱点后果很严重，即使对方没有伤害的故意，也会造成意外。在以往的训练中曾经有把眼睛打瞎的事情发生。点上的力量如同箭在弦上，想收都来不及。所以我们在进行推手练习的时候一定要防止脱点。

六、指中是什么概念？

有拳友问起有关指中的问题，这里试答一下。在推手中不可避免地要形成双方两臂的交叉，主要是前臂。两条直线交叉必然要形成一个交叉点，意拳推手目的是为补散手之不足，所以这个交叉点是兵家必争之地，也是决定胜负的关键。指中的目的就是要突破对方的防守，达到取胜的结果。所以在意拳推手练习中的要领，就是不能脱点。脱点儿的后果很严重，经常会造成伤害。如果手不能指，也就是前臂上的交叉点不能指，就要想别的办法，用身体的其他部位去指中。道理是一样的，通过指中产生攻击的势能。反过来说对方指中我们就要利用头部的移动破坏对方的威胁。比如我们用水果刀削苹果，谁敢用刀从身体外向自己的怀里削，一旦力量削过了，不是等于自己给了自己胸口一刀吗？不知道我的回答说没说清。

七、如何练推手效果会好一些？

众所周知推手在意拳技击训练中具有重要的地位。搭手技艺是中国拳法的特色，更是意拳重要的制敌手段，意拳推手开宗明义为补散手之不足。大部分练习意拳推手的人，从传统的意拳文献中断章取义，认为只要是练推手就要来真的，老先生不是反对推手“奄然戏局”吗？其实大家忽略了练习的顺序和过程。真正的实战是在熟练掌握全部技能的情况下才可以实施的。在进行推手教学的初期，同伴之间的互相“喂”是必不可少的训练手段。中国式摔跤、柔道等搏击训练都是采用的这种先进的训练方法。如果你要想系统地提高意拳推手，只能是按部就班地进行循序渐进的练习。原先练意拳的老人们，把一上来就真正蛮干的推手，叫“斗牛”“挖泥鳅”。只是介入推手的一种初步体认，不能说是最好的训练手段。有机会大家可以看一看姚宗勋先生的教学光盘，姚先生在教学推手的时候，首先进行的是双人反应练习。把各种推手的用法分开一点一点反复强化。就像中国式摔跤一个人当陪练，一个人反复练一个动作，“体、拉、切、别”等技术熟练以后才能在实战中得心应手。很多人拘泥于“拳本无法”，其实还有一句话是“处处皆法”。心急吃不了热豆腐，不一步步来哪行？真正放开来推手是以后的事。大量的练习是双人试力，是摸劲儿。斗牛、挖泥鳅也行，但成不了真正意义上的高手。有一次姚先生讲“天王伞”叫两个学员互相体会，可陪练的一方，总是要小聪明不配合。老师很生气，拂袖而去。结果谁也不明白老师的用意，错过了一次很好的掌握技术的机会。

八、斜坡原理在技击中之应用

意拳技击训练讲究科学性和实践性，没有那些气功妙法特异功能的歪理邪说。拿拳劲儿来说首先要符合物理学的力学原理。其中就包括斜面原理的运用。从基本桩法开始两个前臂从肘到腕就是一个斜面，如果对方的力向下压，落在我的前臂上就是一个斜面，这样落在我们胳膊上的就是一个分力，比起我们所承受的力就会小很多。拿外分手来说正确的做法是上下画立圆，这样在接对方下劈的力量时，就只会承受一个分力而不是全部。再比如，我们在推手时常用的背手桩下斜坡，就是一个很好利用斜面原理的例子。还有意拳的膝发力也是这个道理。对方踢我的小腿迎面骨，我用脚后跟去找自己的臀部，这样就形成了一个从膝到脚踝的斜面，也是减小了踢来的力量。另外，由于脚和膝部的相对运动突出了髌骨的冲击力，往往会给对方造成一定的伤害。总之，斜面原理在意拳技击中发挥着不小的作用。

九、怎样进行推手教学？

意拳推手练习是实战教学的一种手段，推手为补断手之不足。也是能够经常练习实战的好方法，没有身体伤害的危险与顾虑。开始着手推手练习的时候，可以借用中国式摔跤的教学方法。首先要弄懂各种试力的实际用途，比如钩挂试力是双手在下、扶按试力是双手在上、偏挂试力是两手一上一下。通过双人练习，首先弄懂各种试力是干什么用的，然后再空手练习各种试力。从定位练习、单项练习、过渡到行进中的活步综合试力。最后还要经过双人配合下的条件推手。所谓"喂"着练，有目的地练。等到各种活步试力都能做到信手拈来，随心所欲的时候，才能真正放开练习实战的推手。这样循序渐进的练习，就能取得事半功倍的效果。那种一上来就推，老师讲"会什么使什么""推推就会啦"的练法，显然是不可取的。

十、"注意这头和那头"是什么意思?

这句话的意思就是强调杠杆力的作用。无论是试力、发力还是推手都要搞清楚这个问题的含义。比如说我们用白蜡杆往下压对方的器械，一般的情况下首先想到的就是用杆头直接往下摁，结果是不怎么好使，用不上劲儿。这时你换一个想法，用后手握住的白蜡杆这头猛往上抬，就会发现前头的压力发生了质的变化，既有力，又非常脆。以此类推，想往上挑，后面这头下压，想往左拨后面这头要往右拉，想往右拨后面这头要往左拉，如此而已。这就是常说的"注意这头和那头"的意思。所以试力的时候，一定要考虑这些必要的因素。手腕往回拉肘关节一定要力向前指。手腕往前下摁压着推，肘关节一定要有上翘的意念。非如此不能体会杠杆力在拳法中的重要意义。至于肘发力为什么要注意握拳，正发力为什么说是"缩即发”其道理都在这里面，学者宜举一反三，方能达到事半功倍的效果。

第七节　实　作

一、姚宗勋先生教授意拳技击实作为什么戴拳套和穿护具？

很多练习拳术的人对于这个问题有各式各样的看法。甚至因此对姚先生所教的意拳称为站桩加洋揣子（拳击）。这里有很大的误解。其实这正是姚先生对意拳技击训练做出的重要贡献。戴拳套与穿护具是为了保证意拳实战的经常性，是保证训练安全的必要保障。不然的话一次实战就可能出很多意想不到的伤害事故。众所周知实战是技击水平高低的综合体现。第一次参加实战训练还不要说决斗，能够不眨眼睛就算好样的拳手。没有经常性的实战训练就不能保证技击水平的有效提高。所以我们不能以戴拳套就不是武术，不戴拳套又怕把人打坏为借口拒绝实战。意拳实战大部分时间以训练为目的，不以给人造成伤害为荣。虽然意拳实作的定义是不加任何限制的徒手搏击，但不同的具体情况自有不同的处理方法。比如较技就是双方友谊切磋，不是打不死不打。现今的散打比赛无论哪家哪派都会采取戴拳套和护具的竞技措施，比赛究竟不是罗马竞技场上的角斗。从某种意义上来说，戴拳套是提高了实战的难度，戴拳套能够发挥技艺，那不戴拳套会更加如鱼得水。当年姚先生与人比武切磋，对方可以不戴拳套而姚先生本人是一定要戴的，目的是不给对方造成很大的伤害。戴上拳套的老虎仍然是老虎。

二、意拳训练要不要打沙袋?

意拳打沙袋只是一种辅助练习。打沙袋不会长功夫而是检验功夫的一种手段。 意拳打沙袋最重要的是不要用力，只是通过像试力那样的速度来摸索打击技术的正确与否，熟悉拳法的合理配合，特别是步法与拳法的精妙结合以及打击节奏的微妙变化。只是在很小的比例时间体会打击力量的强弱。前几年巴西拳击专家来华讲习拳击运动的技术与训练，特别强调在练习打沙袋的时候一定不要用力，可见先进的技术训练是有共同之处的。我们可以骄傲地说认识到这一点在时间上，中华武术要比外国的拳击运动早得多。目前许多练习意拳的年轻人，把打沙袋当作增长功力的重要手段，这是一种认识上的误区。

三、怎样理解意拳“脚打七分拳打三”?

意拳理解这句话不是指脚的踢法比手的打法重要，而是指步法应在技击中起主要的作用。所谓“手到步不到打人不为妙，手到步也到打人如玩笑” “手脚齐到法为真”。举个例子：日本有个有名的棒球运动员叫王贞治，一半中国血统，他的击球姿势是单腿独立，在击球的一瞬间前脚落地能把球击得很远，曾创造了安打的世界纪录，他就是利用脚落地身体前冲产生的惯性力量，完成他所独有的击球方式。这就是手脚齐到的妙处。

四、打手靶应该注意哪些事项？

打手靶是借鉴拳击训练的一种手段。这个训练要注意两方面的问题。首先举靶的人要出靶准确，练什么拳就出什么拳，靶子的高低位置要准确，要让练习者感到很舒服。特别要注意在接受打击的时候，一定要顶住，不能松懈以免给练功者造成伤害。打手靶的人，要把目的物当成热铁，一沾即离，不要求击打的速度，要注意击打的准确性，各种拳法开始可以定步击打，当然要换步子两面练。熟练后就要练习活步击打。注意训练要循序渐进，欲速则不达。举靶的人同时也是很好的反应练习，随着靶位的复杂变化，举靶人也就得到了很好的步法训练。靶位的击打要注意交叉，举左手靶击打者也出左拳击打，举靶人和击打人是镜面的关系。最后练到组合拳击打就算很成功的练法了。两个人都要把持好技击的基本间架，特别是打靶的人一定要注意后手的防护，养成良好的攻防习惯。总之手靶练习是两个人的事，做好了，非常有意思。

五、为什么说“直拳也要当栽拳打”？

姚宗勋先生在教意拳实作（散手）的时候，说过：直拳也要当栽拳打。意拳基本拳法就是那么几下，简单实用。意拳的所谓直拳是不直的直拳，栽拳按拳击运动的说法应该叫下勾拳（由上往下的勾拳），这种拳法在拳击界没用多久就被淘汰了，因为它的空当太大很容易吃对方直拳的亏。但是意拳的栽拳是控制对方前臂的打法，也就是主动的截，所以吃不了这个亏。栽拳要当直拳打的意思，也有截打的技术含量。在前臂与对方前臂接触的时候等于利用了意拳的搭手技术首先控制了对方的出拳，然后提肘下栽。拳击技术里有抛拳一说，和意拳直拳当栽拳打的意思差不多。这种打法应该在各种拳法已熟练掌握以后再练习。我所看过的拳击录像里，拳王阿里表演过抛拳，此外就是中国北拳王张立德先生打过此拳。在拳击界很少有人教抛拳。

六、实战时爱眨眼睛如何克服？

所有的搏击运动，不管是拳击还是散打。在初练实战的时候，不可避免地会产生闭眼的习惯。这是很正常的。一般地说只有通过大量的实战练习才能逐渐克服这个毛病。还有就是在开始练习实战的时候，要注意循序渐进，可以从有条件的实战开始，比如规定不许击头，限制出拳方式等。另外还要在实战练习中正确使用护具，有意安排水平相对接近的双方进行实战练习。眼睛的辅助训练，可以用一条柔软的毛巾角慢慢抽打自己的眼睛，这也可以起到很好的作用。总之开始练习实战的时候，眨眼睛是很正常的生理现象。每个人在实战的时候都会有一定程度的紧张，这会提高人的反应速度和兴奋性。如果你听到有的爱好者说他从来实战不害怕，一是吹牛，二是不会有很大的造就。还会有人吹牛一辈子没挨过打，那是胡说八道。不知道头部挨了重拳、腹部挨了重击是什么滋味，就说他是实战通家，就好像会游泳的人说他从来就没喝过一口水一样的可笑。芗老说练习意拳是发挥良能，不是发挥本能。打拳闭眼是本能需要，通过练习去逐渐克服。良能和本能有很大的区别，抗倭名将戚继光说过：每临战阵，口干舌燥。那绝对是经验之谈。有一次中国足球队要去热带国家参加比赛，在集训的时候教练让每个人在训练的时候穿上绒衣。大多数运动员都会留很多的汗。其中有的人不怎么流汗，大家都以为教练会选流汗少的运动员去比赛，结果就是那些不爱出汗的人落选。因为出汗是自我保护，出汗少是很危险的事。那练拳也一样，临战前一点生理反应都没有，那谁敢教你呢。阿里、泰森也不会临战前没有生理反应。

七、意拳训练要不要练体能?

有许多意拳爱好者问过我这个问题：意拳训练要不要练体能？这个问题首先要确定每个人的练拳目的。就是说你是想通过练拳准备参加散打王比赛呢，还是只想了解一下意拳功法的奥妙和训练方法准备将来当一个武术教员呢。就这个意义来说就必须决定我们入手意拳，是教学还是训练，因为教学与训练是两个不同的概念。就我目前的学生来说，在开始入门的时候我就开宗明义地宣称：咱们是教练员训练班，不是散打集训队，练意拳的目的是为了给意拳事业的延续积蓄一批师资力量。所以可以说我现在的教学活动不把体能训练作为主要的手段。我的学生在准备参加各种比赛的时候自然就有了体能训练的安排。泛泛地谈意拳训练，通过站桩、试力、单操手、推手等练习手段自然就会在很大程度上提高练功者的体能。拳术训练培养的是“劲儿”，拳劲儿的含义有技术性力量的成分。学会怎样合理用力，就是说能把原有的体能发挥极致。传统的意拳训练拿站桩来说就有所谓大力桩的概念，比如抓球桩、伏虎桩、独立桩等。一旦有参加散打比赛的任务时，这样的练习就显得很不够了。当年姚先生在先农坛组织集训的时候就增加了长跑、跳绳等体能训练内容。这在以往的意拳练习过程中是没有的。所以说你练习意拳之始，就应该考虑自己练功的目的、年龄、时间的保证等具体情况来决定要下多大的工夫。比如站多少时间桩，站什么桩，做多少“摇旋”、多少“神龟出水”、多少“打鬼”等等。现在很多练意拳的人都是业余爱好，不可能有太多的时间，太多的精力来从事系统的拳术训练。一般来讲，通过日常的练功和交流，逐步培养练拳的兴趣，了解意拳的奥妙，有一个好的身手也就可以啦。如果你有雄心壮志非要练成王芗斋、姚宗勋那就首先盘算一下自己和社会的现实情况，以及决心的大小，实现成功的概率递增的可行性。一言以蔽之：你准备下多大的“工夫”。

八、“横冲竖撞”是怎么回事?

“横冲竖撞”是意拳断手经常使用的一种进攻步法。用横向的步伐移动，带动对方的步伐调整。待其部位尚未落实之际，抢先直入，脚踏中门完成手脚齐到的有效攻击。大家看世界杯足球比赛，经常可以看到优秀的前锋在对方门前把球向横的方向一拨，闪过后卫再一脚射门，那是很精彩的场面。这就是横冲竖撞。

九、“狮抟兔亦需用全力”是何含义?

“狮抟象需用全力，狮抟兔亦需用全力”是武林前辈留下来的一句名言。意思是说遇到比自己强大的对手需要用全力去对付，而遇到比自己弱小得多的对手也应该用全力去应付。这是老祖宗通过实践积累的宝贵经验。在任何场合都不要轻敌。

十、意拳如何体现“攻守合一”？

拿意拳的发拳来说，不管是崩拳还是栽拳，都是两手的协调配合，“两手结合迎面出，自然把定五道关”，简单地说这就是攻守合一。基于此才会懂得操拳保持间架的重要性，“学拳不须慌，间架配适当”就是这个道理。意拳独特的推手技艺补断手之不足，因此就具有控制对方两臂的打法，李小龙的截拳道就有一些这样的意识。芗老曾说：“打人你着什么急！”意思就是说不妨把人捆起来再打。

十一、什么是绝招儿？

哪行哪业都有“绝招儿”。所谓绝招儿不过就是某行某业的经验总结，既很宝贵又不神秘，“非常都是平常事”。有这样一个小故事：某一个武生行当的京剧演员，每到折跟头的时候总是掉帽子，很苦恼。问师父师父不回答，叫他自己动脑子。没办法只好去跟师娘套磁。师娘一高兴告诉他：再翻跟头的时候，咬点牙就行了。这就是绝招儿。还有一个更典型的例子：第二次世界大战期间，甲国向乙国花重金购买有关在制作玻璃的工艺中如何避免气泡产生的专利，结果花了一大笔钱买来两个字的诀窍：“搅拌”。这也是绝招儿。您说这绝招儿是值钱呢还是不值钱？拿咱们练武的人来说，有没有绝招儿呢？有一回我问姚先生：“老师既然‘拳本无法，有法也空’为什么我们还要练那么多试力、发力、单操手呢？”老师说：“傻小子后面还有一句话‘处处皆法’你怎么忘啦？”听了恩师的一句话我才如梦初醒。明白了王师爷“每一动都要问一个为什么”的良苦用心。“离开己身无物可求，执著己身永无是处”，意拳充满了辩证法。只有脚踏实地一点一点集攒功夫，摸索拳理拳法才有可能成功。当然习拳离不开精神力量的培养和自然力之锻炼。有些同门主张“无为”，夸大“良能”，我不敢苟同。我是一个体育工作者，我所学过的现代体育理论告诉我，只有通过后天的刻苦训练和精神意志的培养才能有所成就。无论如何这个世界还是物质的，同时不能忽视精神可以转换为物质的奇妙作用。姚先生曾嘱咐我：“存心留意。”我终生受用。科学用不着保密，技术才有保密性。比如都知道同仁堂的药好，甚至药里有什么都知道，就不知道如何炮制，那就是秘密所在。都知道飞机是合金制造，怎么个比例什么工艺你就不知道啦。有一段相声说美国人不知道中国的元宵是怎样把馅儿装进去的就是这个意思。意拳同样不神秘，一切练功手段无非是提高专项身体素质而已，为什么要站桩、试力等总得有个说法，为什么要这样不能那样总得有个交代。就拿神龟出水、摇旋等重要功法来说也没有什么神秘，不过是基本功而已，但是教授者不给予正确的讲解和示范，练习者也无从入手。所谓绝招儿不过就是一句话：弄通道理用心练而已。“临渊羡鱼，不如退而结网”，开动脑筋，身体力行成功就在前头。

十二、什么是频率？什么是节奏？

在任何体育运动项目的训练中，弄清楚什么是频率，什么是节奏是非常重要的。在我的教学和训练生涯中，最感到头痛的就是这个问题。我只要一说注意节奏，大家就拼命地加快动作，这就说明大家没有弄懂什么是频率什么是节奏。频率是单位时间做动作的多少来衡量频率的高低。节奏是每个动作内部结构的速度分配。拿唱歌来讲一小节有四拍、有八拍、有十六拍不等，这才是一首好听的歌曲。这就是节奏。战场上能把机枪打出点射花来的，一定是老兵。训练场上能把沙袋打出轻重缓急像唱歌一样的，一定是优秀运动员。在这里我特别要提醒目前正在练习断手的外地学员，你们一定要在训练中注意节奏的掌握。千万不要把加快频率当成好活儿。意拳训练要求动脑子，神经支配，意念领导，轻松准确慢中快。不要练傻功夫。特别是组合拳，只有解决战斗的那一下才是真正意义上的发力。

十三、何为“打间架”？

“打间架”是意拳先进的科学理念。简单地说就是用自己的间架去攻击对方的间架。任何拳法都有自己的准备姿势，也就是小说里经常所说的“立个门户”，什么把火照天烧之类。意拳的技击理念，是要用本门拳法的整体力去冲击对方的间架，也可以说是撞击。这样的攻击手段必然会产生两种可能。第一种可能是对方的间架非常坚固，在我的整体撞击下，会把他整体撞飞，也就是说他的间架成为受力的传递物。第二种可能是他的间架非常松懈，在我们的撞击下不堪一击，结果就起不到防守的作用。意拳的前身形意拳说“打顾硬进无遮拦”就是这个意思。意拳的推手功夫就是为了补断手之不足。在实战中，意拳的理念是伤其十指不如断其一指，要求打击的效果。拳击运动中的教练员经常喊“得点”“得点”，目的就是得点。殊不知 KO 才是完胜的结局。所谓“取法乎上仅得其中”，只想靠多打人家几下取胜，靠谱吗？

十四、“鬼手断”是什么练习方法?

鬼手断又称“鬼扯钻”。含有组合拳与连续打击的含义。之所以有鬼扯钻的叫法，还有一种含义：用两手去扯动拴在高处滑轮上的一条绳索，当左手往回拉绳的时候左边的绳子变长，相对来说右边的绳索就会变短，这正好应了“前手打人后手用力”的技术要领。当你要发前拳的时候如果只是想着往前伸前手就会有用力单纯轻飘的感觉，而如果你加上“鬼扯钻”的意念，把发前拳的想法注重在后手上，那么力量就会完满得多。前者力是拿出去的，而后者是弹出去的。两手扯动前面的滑轮一长一短就好像木匠在用钻头打眼儿一样，形象的比喻就是“鬼扯钻”。

十五、单双重是怎么回事?

一般来说双重多指两足部位的力量分配，拿桩法来说，平行步可以被看作双重，技击桩、丁八步可以被看作单重。但是双重的概念不仅仅局限于此，头、手、足、肩、肘、膝、胯以及大小关节即一点细微之力，都有单双、松紧、虚实、轻重之分。单重的意义在于构成势能差，以正发力为例，两足前后开立，前三后七，通过身体的后倚与前撞产生的鼓荡力量，瞬间成后三前七，一触即发，一发即止立刻回到待发姿势。平衡是暂时的、相对的，而不平衡是绝对的，平衡需要控制，控制平衡才是平衡。意拳要求单重不偏双重不滞，如虚步看起来是单重，两足力量分配最少是二八，实际上这种单重即片面之单重，等于是绝对之双重。太极拳有一势叫双风贯耳，我不知道在技击中如何使用。马步看起来很稳定在运用中不好使，没有势能差。虚步看起来是单重但等于是绝对的双重更无实用可言。有谁看见过在散打比赛或搏击中用虚步迎敌的。意拳站平行桩的时候要求站出单重的味道，所以就用了两腿不停地倒重心的“恨地无环”的练法。至于基本功平行步做摇旋，就是培养身体的蓄能单重。芗老说：“歪有歪的道理。”即为此意。芗老又说：“力圆为正，一动是横。”旨哉斯言！这“一动是横”就够我们好好琢磨一阵子的。练功夫横劲儿要比竖劲儿难培养得多。一动是横打破平衡状态，自然就有了单重的效果。从松到紧、从虚到实、从轻到重这中间都有一个幅度，都有一个单双重的问题。不松何谓紧，没有虚哪来的实，不谈轻何谈重。松紧、虚实、轻重缓急才能构成技击之妙用。总之“单重不偏，双重不滞”。

十六、什么是“手懒身勤”?

“手懒身勤”是意拳技击最重要的原则之一。如果仅仅为了表演的优美，可以手舞足蹈做大幅度的手型动作。但如果是为了讲求技击之实用，就要求用身体带动手做动作。“手懒身勤”是发挥身体的整力，而手勤则是局部的力量发挥。在技击中手只是一个工具，拳术的动力应该在于全身力量的协调发挥。举一些生活中的实例：军事上的定时炸弹排除，要转动弹体，而不能先动它的引信，这个程序如果颠倒了是要出大事情的。卖水果的小贩，在用刀削萝卜的时候，握萝卜的手主动去碰另一只拿刀的手，也就是萝卜动手不动。这样才能保证手的安全，如果是手太勤劳了，很有可能把手弄伤了。最近电视上介绍了一个开启瓶盖儿的小窍门，当瓶盖儿拧不开的时候，把瓶盖儿固定，去拧动瓶体就很好开了。这也是一个很好的事例。所以什么动什么不动其中是大有文章的。

十七、请举例说明“身勤手懒”在拳术中的实际应用是怎样的?

意拳传统的说法是手相对不动身动。我这样说更直截了当一些。拿推手来说，不管两手在上或者在下，你想把对方拉近了再施技放人，此时，有两种选择：一是用手臂的动作把人拉过来再摔出去；二是手不动把自己贴过去，再施技摔人。前者会费很大的力气，还费力不讨好，容易被人利用顺势将你发出。而手相对不动把自己贴过去，就会觉得很省力就完成了摔人的态势。这在太极拳中可能就叫“舍己从人”。意拳得益于整体发力，手只是最后应用的工具而已。练拳大部分的注意力要放在培养全身力量的协调上，所谓力“整”与“不整”，是评判练功者真实水平的重要依据。

十八、为什么说“手一动便是错误”?

芗老一句“手一动便是错误”的妙论，使得大部分的意拳爱好者百思不得其解。实际上在拳学里，手是主角儿，练拳手不许动怎么练？根据我的粗浅理解，这句话的意思是指手与躯体在拳术运动中所处的不同地位而言。练拳是手动得多还是身体动得多，是表演武术与技击拳学的一大区别所在。意拳界有身子要手还是手要身子的说法，由于中文语法的灵活，不好准确地说明究竟是手动得多还是身体动得多，怎样理解都好像有理。我在教学中干脆换了一种说法：手懒身子勤。也就是说运动中以身体动为主。所谓手一动便是错误，是相对的概念而不是绝对的含义。拿意拳最重要的基本功摇与旋和神龟出水的练习来说，都强调了两手要相对固定的技术要领，要用身体带动两手去完成正确的动作。这是在技击应用当中实用与否的标志性技巧。手动与身动的效果是截然不同的。举个例子，我在刚参加工作的时候是在军事工程训练部从事民兵军训的工作，其中有一项科目是定时炸弹的排除。有一种美式定时弹在拆除引信的时候，必须把引信部分固定来旋动弹体，才能保证安全操作。如果旋动引信就会引爆。哪个先动哪个后动是有它自身的规律的。比如在推手当中，是把人拉过来还是把自己贴过去，是把人拉偏还是把自己偏过去，是懂不懂拳劲儿的重要区别。

十九、什么是“未接触之松紧”？

我的博客开通以后，海内外的意拳爱好者询问了很多有关意拳训练的问题。我认为这一个朋友问的问题最有高度，比起问“站桩究竟是脚前着地还是脚后跟着地”一类的问题要深刻得多。这个问题是姚宗勋先生给练习意拳时间较长的老学员的最后一个思考题。拿站桩来说，最初的训练在很大程度上是注意形体方面的要求，如肩架金三角、撑三抱七、前四后六等。到有了一定的基础以后，就要增加意念活动，逐渐向意拳的最精华部分过渡。也就是芗老所说的“站桩时三尺以外七尺以内，如有大刀阔斧之巨敌及毒蛇猛兽蜿蜒而来”，并且说这是练拳的“不二法门”，特别强调了意念活动在练习拳术中的重要性。这里就包含了未接触之松紧的含义。意拳训练达不到这种意境，就谈不到有良好的临战状态、心理准备、一触即发的高度灵敏反应。在意拳实作训练的初期，有一项非常重要的练习——抢步。抢步就是两个人保持一定的距离在不接触的情况下，做模拟实战的练习，之所以叫抢步，就是强调在运动中抢占有利态势，比如“脚踏中门夺敌位，即使神仙也难防”。这种训练的目的就是培养未接触之松紧。抢步以及推手的作用都是为了造成胜利的态势。好像下象棋一样，一旦经过周旋厮杀百般努力，棋盘上形成马后炮、双车锉、重炮将等绝杀场面，即使是象棋大师也只能推枰认负，说句俗话就是没改。到这时候叫“将”就够啦，没必要真的把对方的将帅老倌儿拿在手中吃掉。“未接触之松紧”的重要性不是很明白了吗。感谢能提出如此问题的朋友们，借此机会向所有关心意拳发展的拳友们致以问候。

二十、夺敌位是何概念?

夺敌位是意拳实作中重要的一种步法。意拳的前身形意拳老前辈、意拳宗师王芗斋的启蒙老师郭云深先师祖的代表拳法就是闻名于世的“半步崩拳打天下”。意拳讲求的所谓夺敌位分为进夺敌位和退夺敌位。退夺敌位就是在与敌周旋的时候，先退半步等对方进攻到我方原来占据的位置时，我马上回位到原来占据的位置，打击对手。打个比方就是先把自己原来驻扎的营盘腾空，把部队埋伏在营盘外，等对方进入我方的空营盘的时候，我们马上回师打击对手。这就是退夺敌位。夺敌位的重要技术要领，第一个是半步。半步的意思就是动作连贯地完成退和进，也就是一逛荡的意思。第二个技术要领，就是当我们退步的时候，应该是身退手不退。这一点非常重要。过去这一点意拳师父是从来不肯对外说的。进夺敌位是利用“横冲直撞”的步法，后脚带动身体向同侧脚前方横向移动半步，然后前脚向前冲一步，后脚马上跟上，还是半步拳的意思，要求动作连贯不能有停顿。此时我们的想法是通过我们的冲击，用我们的两只脚，去抢占对方原来所占据的地方。说白了就是要把对方挤出去。这就是进夺敌位。进夺敌位前手也应该保持原位不能抽回。

二十一、“半步崩拳”与“夺敌位”是什么概念？

半步崩拳打天下，说的是我的师爷的形意拳老师，我们的师祖郭云深先生的公认权威标志。所谓半步崩拳就是通过进半步，退半步的步法调动，应敌制胜的技艺手段。姚先生在教我和金甲师兄半步崩拳夺敌位的时候，强调的最关键的技艺要领就是前手不能动。步法退半步，手要保留在原来的位置上不动。等对方扑上来的时候，我正好进半步迎击。此时的感觉就好像对方往上撞上了我的拳头。这就是半步拳夺敌位的情景再现。至于是否崩拳无所谓，管它是什么拳呢，半步迎面掌也未尝不可。

二十二、请介绍一下意拳有关器械的训练方法？

中华武术，源远流长，各门各派都有自己独特的拳功、拳法以及他们独特的奇兵怪械。解放以后国家体委花了很大的力气进行了武术的传统门派和应用器械的挖掘整理工作。各种各样五花八门的武术器械多至不可名状，见所未见，闻所未闻，远不止“十八般武器”和武侠小说以及民间戏剧中所能见到的各种兵器。意拳训练中的器械简单纯朴，直截了当。所谓武术器械，无非就是长短家伙。带尖儿的就刺呗，带刃的就砍呗。

其实，生活中随便拿起什么东西都可以充当武器，有句话不是说寸铁为凶吗，就是这层意思。芗老曾说过器械为手臂之延长，所谓：拳成兵器就，莫专习刀枪。意拳在器械训练中保留了两种具有代表性的训练方法，即：杆子功、劈刺功。杆子功，意拳的传统称谓叫“半把杆儿”，就是说双手在持杆儿的时候，不能用全手攥紧杆子，以防在和对方器械碰撞的时候，伤到自己的手，特别是前手更应该注意。意拳杆子功有磨杆子、横杆子、缩杆子、摔杆子等练习。杆子功最重要的门道，就是在和对手的杆子接触的时候，我们的杆子顺时针螺旋旋转，杆尖儿指向对方的左耳，然后反转下压前刺。意拳劈刺功是双手持刀柄，刀向内旋刀刃向着自己，在和对手器械碰撞的时候，用我们的刀背儿去撞他的刀刃，然后顺势向外拧转下劈。我们要想掌握好武术兵器，首先要有深厚的拳学功底，换句通俗的话说，身上要有东西。倘若一旦获得了拳中真义，掌握了各种力的应用，具备了从事技击的基本素质，则无论学习什么兵器，稍加熟悉，具无不精。非一般舞枪弄棒，俨然戏局者所能比拟。

第二章　意拳教学与自修程序

第一节　意拳教学大纲

意拳（大成拳）是王芗斋先生在19世纪20年代，在形意拳的基础上汲取百家之长而独创的中华近代拳学。王芗斋先生是一个划时代的武术革新家，素为中华武林所景仰。意拳（大成拳）经过第二代传人姚宗勋先生、王玉芳先生诸大师坚持不懈的努力和发扬，已在全球范围传播发展，呈燎原之势。目前摆在第三代意拳（大成拳）爱好者面前的严峻形势，就是如何加强团结，把前辈打开的大好局面继续发扬光大。如果非要处心积虑地把意拳和大成拳分裂开来窝里斗，将会把一片大好形势付诸东流，芗老泉下有知是不会安宁的。芗老创意拳是为了强调意在拳术训练中的重要地位，自己不叫大成拳一是谦虚，不限制拳学的发展空间，二是不把自己摆在众矢之的的位置上。书法家讲究意在笔前，画家讲究胸有成竹，拳学讲究神经支配意念领导。鉴于目前意拳（大成拳）教学普遍存在仁者见仁，智者见智的懵懂现象，广大意拳（大成拳）爱好者亟需一部统一的教学大纲，以便在百花齐放的基础上，有一个共识的框架。经亚武联副主席、香港意拳学会会长、北京意拳研究会名誉会长霍震寰先生倡议，王玉芳大师主持京港两地的拳学名流进行了多年的课题探讨，现将意拳（大成拳）教学大纲（草案）公布于拳界，希望得到更多业内之高见。为意拳（大成拳）的繁荣发展做一件虔诚贡献。“大成若缺天得一以清，上德无为行不言之教”（见道教名刹上清宫），谨以此文纪念意拳（大成拳）宗师芗老120周年圣诞。

一、站桩的教学

（一）教学目的

“要知拳真髓，首由站桩起”“学拳不用慌，肩架配适当”。站桩是意拳（大成拳）的灵魂，是意拳（大成拳）的代名词。意拳（大成拳）为了保持原始技击特点的需要，把站桩这一古老传统的练功方法，提高到了一个崭新的高度和境界，赋予站桩功无限的生命力。站桩是系统工程和运动技能的高度浓缩。“桩法换劲儿”，站桩是培养浑元力的不二法门。站桩是“立禅”，是思考“为何有此一动？”的“大觉大悟”之平台。

人们从事拳术练习，大致有三种目的：1. 讲卫生（健康、养生）；2. 求自卫（技击）；3. 寻理趣（拳学之探讨）。根据每人的不同情况，决定在桩功上所需下工夫的多少。一般练习意拳（大成拳）不管是练技击还是练健身均以站健身桩为入手之法。

（二）教学要求

站桩有三大原则：1. 精神集中；2. 周身放松；3. 呼吸自

然。“但求神意足，不求形骸似”，注重精神力量的培养，“欲与天公试比高”。周身关节都要形曲力直、形松意紧，不要有绝对的力量。身如绳吊系，下有木支撑，骨缩筋伸，周身鼓荡，内外牵连。

（三）技术要点

技术要点主要有“身如绳吊系”“喉头永不抛，会遍天下众英豪”、颈后与两肘尖构架之“金三角”“流水的屁股螳螂脖”“大腿根部意念中枢纽弹簧之安装”“小腹应长圆，胸间微含蓄”“宁练筋长一分，不练肉厚一寸”“腰似车轮腿似钻”“膝上有黄金”“拳之道要一大半在抽象中求实际”“扽绳”的意念假借在技击桩练习中的重要作用、“未接触之松紧”等。

（四）教学内容与顺序

根据习拳者的不同需求和年龄、文化程度、身体、精神素质等的不同情况，因材施教、循序渐进。一般由平步浑元桩入手，接下来再进行平步平抱桩、推托桩、钩挂桩、扶按桩、背手桩……进而由平步桩改丁八步桩，再由丁八步试站小步桩、大步桩。最后根据练功的逐步深入，可增加伏虎桩、降龙桩、独立桩等特殊桩法。特别要注意的是站桩贵在时刻调节“己身正与不正”，意在培养拳劲儿即浑元力（六面力），而不以时间的长短与姿势的高低及顺序为良莠之标准。“意拳在十字当中求生活”，争力的培养，三个主要争力：1. 头颈与两脚中心（全身之枢纽在于上下）；2. 颈与前手；3. 两手左右之争。

二、试力的教学

（一）教学目的

试力是站桩在空间的延伸。“力由试而知，更由知而得其所以用”，试力是在身体有位移的情况下继续摸索拳劲儿（浑元力），把站桩所获得的拳劲儿运用到运动中去，由相对静止过渡到运动状态。试力作为承上启下的重要练习手段，对于技击应用的成败有着直接的关系。

（二）教学要求

试力为匀速运动，其势如“空中旗，渊中鱼”。“试力如在空气中游泳”需认真体验：双手与躯体的相对运动、作用力与反作用力、空气阻力的存在、运动波浪之松紧、双臂呈蟒蛇盘旋之比喻。试力两臂活动之范围一般高不过眉，低不过脐，向前推不逾尺，向怀抱不粘身，左手不到鼻右来，右手不往鼻左去。“慢优于快，缓胜于急”，每一处都要问一个“为何有此一动”，“力量在身外去求取，意念在无心中操持”。

（三）技术要点与练习内容及顺序

初练试力可采用平行步以双手去感触外界的阻力，逐步动作往下往后移动：由手到肘、由肘到肩、由肩到腰胯、由腰胯到膝、由膝到足。最后把运力的顺序倒过来体会由胯部的退让性工作而产生的“消息全凭后足蹬”。教学顺序从平行步到技击步，从定位到活步（陆地行舟）。所采用的试力基本功应以“摇旋”入手，摇旋是试力练习的主旋律。第二步练习拟作

“分水试力”体会双手与躯体的相对运动，然后是“饴糖试力”“钩挂试力”“偏挂试力”“扶按试力”等几个主要试力。最后根据每个人的身体情况和所需不所需，进行“神龟出水”试力练习。“神龟出水”是典型的六面力练习：上下起伏、前后鼓荡、左右呼应。总起来说“摇旋”和“神龟出水”是意拳（大成拳）试力中最为重要的两项内容，是以往的传统教学中不肯轻易示人的机密。所有的试力练习，其中都离不开这两个项目的技术含量。拳学爱好者身上有没有东西，与其试力功夫中的“摇旋”和“神龟出水”的技术含金量的多少成正比。从定位试力到活步试力的过渡和转换用“摇旋”法教学，会获得事半功倍的良好效果。传统的说法站桩是蓄力，试力是“摸劲儿”，所谓“摸劲儿”就是如何在运动中发挥出在站桩中所培养出来的浑元力，也就是拳术技击所需要的专项身体素质和专项基本功。

三、走步的教学

（一）教学目的

技击攻防动作的实现，首先从脚步动作开始“察来势之机会，度己身之短长”，把握住距离就控制了实战中的主动权。步法的好坏与熟练程度，直接影响实战的能力与成败。“脚打七分拳打三”“手到步不到，打人不为妙，手到步也到，打人如玩笑”都是强调步法在技击训练中的重要性。

（二）教学要求

好的步法应该是灵活、准确而富有弹性，时刻能为随机随势应付技击攻防创造条件。在移动中，其原则要求是：上动下自随，下动上自领。要始终保持自己的间架，即保持在练功中所获得的浑元力的六面平衡均整，以期控制对手，进而克敌制胜。步法练习和学习驾驶汽车一样，忌低头看脚下，要把注意力目光放在远处的一个目标上。特别要注意落脚时一定要横划拉也就是横搓脚，这样可以避免脚下不稳和滑跐。

（三）技术要点与练习内容及顺序

“提、趟、扒、缩”的理解。“磨胫摭胯”“陆地行舟”的要义。教学步法由平行步横移位的诱导练习开始→固定→脚的诱导练习→正常步法教学（进步、退步、半步）→大步练习（冲刺步）→环绕步→三角步→横冲直撞→进夺敌位→退夺敌位→腿法试力（点脚、横踩脚）→乱踩乱点皆成步法。

四、发力的教学

（一）教学目的

发力是拳术有效打击的动力。是站桩、试力等基本功的综合检验。发力的优劣决定每个练拳人的技术水平和自信心。不会发力就谈不到技击。发力，归根结底仍然是一个松和紧的矛盾统一问题。所谓松紧，既是肌肉的松紧又是精神的、心理的松紧。

（二）教学要求

力的发动来自：1. 意念假借所导致的神经“激发”状态；2.“缩即发”的先进理念，大腿根部的退让性工作；3. 躯体各部位瞬间的互争；4.全身肌肉的收缩、放松和意力之后倚与前撞所产生的震动，周身鼓荡（鼓涌、咕秋）的矛盾力。

要理解“一触即发，一发即止”的练习宗旨；“爆炸力”的理解（“力量一有方向便是错误”）；“周身无点不弹簧”的含义；“花钱难买机灵颤”之借鉴；“整”的概念；“骨缩筋伸”（筋肉要伸张，大关节处要收敛）以及分解综合教学法在发力教学中之运用。

（三）技术要点与教学内容及顺序

力学原理之运用（杠杆、螺旋、斜面、轮轴、滑车等）、精神激发之状态“势如龙驹扭丝缰，谷应山摇一起撞”、完整与贯通（收、发是一不是二）、“松紧紧松勿过正，虚实实虚互为根”“离开己身无物可求，执著己身永无是处”。

正发力（虎扑）为基础，诱导练习为双手扬沙、正反涮臂、天王伞。丁八步鸟难腾桩→前臂螺旋→身体撞击→头似榔头→后腿发力前脚制动。整个发力过程如冲击钻的工作原理，既有冲击又要有旋转。

下发力（千斤坠）又称拍皮球、蜻蜓点水。

上下发力、偏挂发力、拧托发力、摇旋发力、侧发力、头发力、肩发力、胸发力、肘发力、膝发力、胯发力、足发力、综合发力（活步）、整体发力（机灵颤）等。

五、单操手的教学

（一）教学目的

单操手是拳术教学不可缺少的辅助练习。可以显著提高技击专项身体素质和促进身体全面发展。

（二）教学要求

注意各练习的特殊意义及动作要领，单操手就是特定意义下的拳操，不是一般的热身体操。

（三）技术要点与教学内容及顺序

磨下颌（喉头永不抛，会遍天下众英豪）、指天划地（上臂前后绕环）、前后悠臂（松胯转体）、内外分手（上下画立圆，十字当中求生活）、蛇缠手（手腕之灵活性，推手之基本功）、二郎担山（手脚之配合）、左右砍架、老罴搬缸、猿猴攀登、霸王敬酒、天王伞、米字跳等。

通过站桩、试力、走步、发力、单操手等所有基本功练习，取得了从事技击的一定本领。功夫是点点滴滴凑起来的。基本功就是各种原材料，到了实用阶段就是到了出成品的总装车间。成品的好坏与原材料的多少和质量的高低有直接的关系。

六、推手的教学

（一）教学目的

推手是意拳（大成拳）进行实战训练的一种形式，是试力和走步，也就是活步试力的具体化。推手可以弥补散手之不足，亦为散手训练的辅助练习。推手也可以说是双人试力。在实战中，只要双方一交手，就不可避免地会出现肢体上的接触和纠缠，于是就提出了在双方肢体接触下如何进行攻防的问题。推手就是控制住对方再施以打击，推手就是基于实战条件下的双人对抗练习。

（二）教学要求

推手要求在与对方肢体的接触和纠缠时，善于体察对方的虚实、强弱和力量的方向，并善于在各种不同的情况下，控制对方并施以有效的打击。推手“发人”，更具备中华武术的特色。推手既是技击练习的一种形式，就不应该是你来我往虚为招架的双人舞蹈，而应该是真实的对抗性练习。一旦找到对方的空隙就要进行有效的攻击。“行家一伸手就知有没有”，虽然推手不能代替散手，但在很大范围内，可以作为进行技击切磋交流的一种有益手段。

（三）技术要点与教学内容及顺序

推手的原则、原理：守中用中（控制与反控制）、全身之法以为法（全身之法相合谓之合，非形势相对之谓合）、辩证原则（松紧矛盾、动静互根、推拉互用、遒放统一、顺力逆行、斜正互参、刚柔相济、进退吞吐、单双轻重……）、形不破体（保持间架）、意不有相（有意莫带形，带形必不赢）、力不出尖（不失所控）、节点面线法则（前臂之重要作用，点前紧，点后松）、“听力”和“指力”之概念、斜面螺旋之利用、起是钻，落是翻，起手如钢锉，回手似钩杆、腰似车轮腿似钻、得其环中以应无穷、力学原则（杠杆力之运用、斜面之借鉴、螺旋与轮轴）。

推手教学首先练习身体特别是皮肤的反应（上压下随、下挑上跟、前推后引、胸部接手等）。弄懂“赢人全在手腕之变化”（耍手腕，凸面应敌）。

单推手教学：定步搭手（丁八步浑元桩）→打轮（“摇旋”的再现，单手不过中线）→扶按定中→肩发力→踢掌发力→栽拳发力→蛇缠手反击等。虽是单推手要注意另外一手的防护与配合。定步单推有了一定的基础，可进一步进行活步单推手练习。

双推手教学：定步搭手（丁八步浑元桩）→打轮（蛇缠手）→双手在上时的扶按定中→双手在下时的钩挂→一手在上一手在下时的偏挂→正发力放→引发放→下发力放（拍皮球）→拧托放→摇旋发力放→肩发力放等。有了基础以后可进一步进行活步双推手练习。初涉推手可以采用“挖泥鳅”、“斗牛”的方式，但不可长此以往，不利于提高。应采用同伴练功者互相“喂”的方法进行练习。只要一方技术要领做对了，配合练习的一方就要给他“折”。这样练习事半功倍有很好的实际效果。练功不要把胜负看得太重，究竟不是比武切磋。

脱手与“指力”的概念。“点”上需指向对方中线（“点”系与对方两臂之交叉点，两手交换“指”），手臂上的“点”指不了，可以用身体的任何部位（头、手、肩、肘、膝、胯）去“指”。用身体的不停移动和调整，保持自己的中线不受侵犯。引进落空、顺力逆行、伺机而动，机不可失、遇刚则柔，而刚紧随其后、见“空”不进见“横”进（“空”是陷阱，“横”是对方不得力处）、粘连黏随、螺旋进退、追风赶月、谷应山摇。

七、散手的教学

（一）教学目的

散手又称实作，是拳术各项训练的总成，直接检验拳术锻炼的综合体现，就其原始意义来讲，乃是不附加任何条件的徒手搏击。技击是自卫的同义词，习武之人讲武德为上，不以强凌弱，提倡行侠仗义，见义勇为。

（二）教学要求

技击的原则是“制人而不制于人”，“一法不立，无法不容”，首先是精神力量的培养。“身体四周，三尺以外，七尺以内如有大刀阔斧之巨敌及毒蛇猛兽蜿蜒而来。其共争生存之情景，当以大无畏精神而应付之。”芗老把这种心理训练的手段称作习拳入手之“不二法门”。

全身之法以为法：一动无不动，牵一发而动全身。“整”的概念，无点不弹簧，赶上哪儿是哪儿，一触即发，一发即止。

攻守合一：“何为打？何为顾？顾即打，打即顾，发手便是处”，“不招不架只是一下”，“己正不管他人斜”，“你打你的，我打我的”。

守中用中：“打横不打空”，“意如牵牛任我行”。

拳拳服膺：“行站坐卧不离这个”，“有形有意都是假，意到无心始见奇”，“不期然而然，莫知至而至”。

全意求真：“狮抟象需用全力，狮抟兔亦需用全力”。

（三）技术要点与教学内容及顺序

“形不破体，意不有相，力不出尖”，“有意莫带形，带形必不赢”，“遇敌犹如身着火，风吹大树摆枝摇”，“势如龙驹扭丝缰，谷应山摇一起撞”，“两手结合迎面出，自然把定五道关”，“起是钻，落是翻，起手如钢锉，回手似钩杆”，“宁教一思进，莫叫一思退”，“交勇者不可思悟，思悟者寸步难行”。

教学内容：1. 基本间架：鸟难腾技击桩。2. 基本步法：三角步、环绕步、半步。3. 基本拳法：短冲拳（不直的直拳）、钻拳（螺旋）、栽拳（泰山压顶）、肘击、侧发力（横扫千军）、迎面掌、劈掌等。4. 基本腿法：点脚、横踩脚、膝发力、胯打等。

教学顺序：首先通过试力的方式学习三种基本拳法的使用。从定位发拳过渡到活步发拳，从进步发拳过渡到退步发拳，从顺步发拳过渡到拗步发拳，从一步一拳过渡到一步两拳、一步三拳，待全部拳法熟练以后可以进行大量的空击练习，与假想敌进行精神上的周旋与搏斗，意拳（大成拳）称此训练为“打鬼”。各种拳法的综合使用可称为组合拳，传统的叫法为“鬼手断”（鬼扯钻），武林界有“学会鬼手断，天下英雄打一半”的拳谚。在此基础上，可进行打沙袋（打沙袋不长功夫，只是检验功力的一种手段）、打手靶练习。打沙袋不应用力，但要注意节奏，打手靶要注意速度和准确性。在基本功有了相当基础以后，为了保证实战训练的经常性和安全性，一定要在师父（或学长）的监督指导下，戴护具、戴拳套进行实战训练。首先进行条件实战（限制使用拳法或限制打击部位）。在技击训练的最高阶段（双方能够控制打击力度），才可以进行真正意义上的实作，即不戴护具、不戴拳套的半搭半断徒手搏击。当然要有第三人（指导者或有经验的拳友）在场保证安全，因为训练究竟不是决斗。

意拳（大成拳）不仅仅是一门武术，而且是有着深厚内涵的文化现象。“如或论应敌，拳道微末技”，根据爱好者在拳学理论和实践上的不同档次，可分为四个等级。

初级：意拳（大成拳）入门，“知道”一些最基本的练习方法，掌握浑元桩和几个简单的试力、步法练习、单操手等。品行端正，遵纪守法。

中级：练习两年以上，“懂得”站桩、试力、走步、发力的技术要领和理论基础，能够参加推手训练并有一定的水平，可以辅导初级学员练功。精神文明，武德优良。

高级：德高望重，“熟练”掌握意拳（大成拳）训练的全部内容，经常参加推手与实作练习并具有相当的水准，能够在技术和理论方面辅导中级学员。

名师级：“精通”意拳（大成拳），武德高尚，在学术上有独到见解与贡献，桃李满天下，业内口碑极佳，得到拳界的广泛认可。

第二节　意拳爱好者自修的八个单元

在意拳教学过程中，笔者针对初学者设计了一套训练程序，共八个单元。经过近些年的实践，这套训练程序取得令人满意的成绩，初学者能够初窥意拳门径，对意拳的基本练习方法有较为详细、系统的了解。在繁忙的工作之余，能较好地练习最基础的功法。

此次将各单元所训练的功法公诸社会，作为意拳爱好者的自修程序。

第一单元

(一) 训练内容

1. 学习浑元桩（平步撑抱桩）的要点

(1) 学拳不用慌，间架配适当，强化“金三角”；
(2) 流水的屁股螳螂脖；
(3) 宁叫筋长一分，不叫肉厚一寸；
(4) 正确理解浑元力；
(5) 身体各部位要合理协调配合。

2. 学习内外分手的要点

(1) 注意身躯与手的协调配合；
(2) 体会“相对运动”的理念和“身子要手”（或称“手懒身勤”）的意拳拳学原则、原理。

3. 学习蛇缠手的要点

(1) 这是意拳推手的基本功；
(2) 体会前臂出入螺旋和上下肢体的协调配合。

(二) 功法说明

1. 浑元桩（平步撑抱桩）

求得浑元力的桩法，故名浑元桩。浑元桩是一切桩法的基础。所以我们在叙述的时候，尽可能的详细一些。

(1) 平行步浑元桩的基本外形

首先要凝神定意，两脚分开与肩同宽，两脚尖稍外分呈外八字形，膝关节微弯曲，胯部微收，臀部似坐非坐，小腹应常圆，胸间微含蓄，两手在胸前呈抱球状，手心向内，两手间距两拳左右。肩撑肘横，力贯掌心。头直目正，颌下若夹一乒乓球，腋下若能容球，顶心如有细绳吊系。以上就是平行步浑元桩的基本外形。

(2) 平行步浑元桩详细技术分析

以下是浑元桩身体各部位的具体要求。

①头：头的位置对人的整体运动非常重要，不同的头部位置可以引起不同的状态反射。练习健身桩要求头顶好像有绳吊系，能使身体感到挺拔就可以了。练习技击，则要把绳吊系的位置，调整到颈后的发际部位。也就是颈后有头发与没头发的分界处的中间部位，而不是第七颈椎。这一微小的变动，将对全身力量的均整，起到决定性的作用。

②颈：颌下若能容球。脖子下面，好像夹着一个乒乓球。这个要领，对练习技击来讲有着非常重要的意义。其一，可以调动背部大肌肉群参加整力的发动。其二，保护了颈部易被攻击的软弱部位。拳谚说：喉头永不抛，会遍天下众英豪。许多练习技击的人，在开始练功的时候，忽略了这个问题，给以后纠正错误带来不必要的麻烦。

③胸背：要求背紧胸松。胸部微收，使后背感到有力。扬脖挺胸绝对错误。要有在冬天身上披着斗篷的那种感觉。

④肩肘：要求肩撑肘横，力贯掌心。肩撑肘横不是沉肩坠肘。意拳讲：学拳不须慌，间架配适当。意拳间架，由两个肘尖与颈后构成的金三角组成。这个区域是自身守卫的营盘，要严加防守。与此同时，肩撑肘横使动作幅度比较开阔，便于发

挥攻防技术。两个肘尖的定位，在力量的发挥上有着非常关键的作用。无论怎样动作，两肘尖不许忽而靠近忽而远离，给对方可乘之机。打个比方，意拳间架好像中国象棋的布局：头部即为将帅，两肘算是双象，而两手就是双士了。

⑤手：两手距离两三拳，十指分开，虎口微撑而指尖微敛，掌心内吸，有持物不使坠落之意。掌心内吸配合手指外张，似有线绳束缚、欲张不得之感。吸吐相互作用不可偏重。

⑥腹臀：小腹应常圆。臀部似坐非坐，胯部微收，好像坐靠在一个纸做的椅子上，随时都可能垮掉，要保持自己不能摔倒，始终拿着那股劲儿。意拳周身无点不弹簧，整个身体就是一个大弹簧，最大最主要的弹簧就安放在前面大腿根的胯上。往后练习发力的时候，这个部位就是技术的关键。髋部的退让性工作，好像举重训练中的负重下蹲。这对拳术中极为重要的“鼓荡”功夫有决定性的影响。

⑦膝：芗斋老人曾说：“膝盖骨一处力之生发动用颇堪玩味。”两膝扣合又有外撑之意，由膝骨至脚面有由脚面至膝骨上撑之力，又有欲直立却被绳索将脚面与膝相连不得撑开之意，而膝盖骨以上部分复有向上总提之力，同时更具有下坐之力，膝内曲大小腿筋络有相聚之力，同时又具有相反之支撑力。借鉴举重训练“引膝”的技术，大腿前面好像有水从腿根向膝盖下流动，这样拉长大腿的肌肉纤维，对发力具有很好的帮助。

⑧脚：脚后跟如踩着一只小虫子，既不能把它踩死，也不能让它跑掉。如此控制才能使跟腱处于工作状态。

(3) 平行步浑元桩的意念

区别健身与技击在于站桩意念活动的不同。如果是练养生，只要想着风和日丽、鸟语花香，人如在休息一样就可以了。如果是练技击，则要求在摆好姿势以后，首先要增加心理训练的内容：将精神放大，设想自己站在一望无垠的大地上，顶天立地“欲与天公试比高”，大有“会当凌绝顶，一览众山小”的雄伟气概。然后再逐步调整检查身体各部位的具体技术要求。达到精神与肢体的高度统一。在调整了身体的外形以后，开始注重意念活动，即精神假借。这是桩法的核心内容：先设想整体环抱着一棵大树（不是真正意义的大树，而是符合我们的想象，能与我们的手臂、胸部、腹部以及下肢各身体部位都吻合的，是想象中的大树）。随之再设想，两手和双臂乃至全身抱着这棵树分别做向上拔、向下栽、往里挤压、往外扒、往前推、往后拉以及摇晃等等。特别要强调的是：意念假借用意不用力，动作越小越慢越好，意念中虽然不能将大树引动，但似乎有随我意之支配，而微微颤动之感觉。能有那么点意思就够了。要注意凡想象中与树接触的身体部位，胸腹、大小腿等处，皆有应和两臂微动之意。待这种意念活动，有了初步的感觉以后，进一步就要打乱意念的顺序：在想把树刚提起来就往前一推，或者刚把树栽下去，又横向把它的皮扒开，抑或刚合上又往后拉、刚往起拔又摇晃它等等。因为抱树的意念训练，是和将来的技击实用分不开的。现在是抱树、推树、摇晃树，将来就是要用摸索到的拳术力量，变成推人、拉人、放人。实作时，用力没有固定程序，所以在训练的时候也不能按事先安排好的工作顺序去练习。再提高一步，到了训练有素的时候，就应在意念训练中，建立一种模糊的感觉：又想把树扒开、又想合上、又想拉、又想提、又想压，结果是什么也没想，什么也没做。想了又没想，做了又没做的模糊状态，就好像一张白纸能够画出任何美好的东西。在技击方面言之，就是后发先至的待发状态。即已接未触之时的松紧状态。其最终培养出来的力量是：碰到哪儿，哪儿才会有迅速的反应，碰不上就什么也没有的高度省力的奇妙境界。所谓模糊的感觉不是发呆，而是精神的高度集中，就像足球守门员准备扑点球那样。意拳站桩开始要求用意不用力，但很快就能做到意到力到，最后要做到意力不分。真到了应敌或者遇到歹徒的时候，什么意什么力就都谈不到了。按老前辈所述，习拳的最高境界应该是“拳无拳意无意，无拳无意是真义”。也就是在有意无意之间。善于游泳的人，身在水中，往往忘记了水的存在。正因为忘记了水的存在，才游得更好更自在，就是这么个道理。在练习技击桩的时候，要假定三尺以外，七尺以内四周如有大刀阔斧之巨敌与毒蛇猛兽蜿蜒而来，其共争生存之情景，须当以大无畏精神而应付之，以求虚中之实也。如一旦大敌林立，在我如入无人之境，潇洒以周旋之，则为实中求虚。芗斋老人称此为技击入手的“不二法门”。

(4) 平行步浑元桩训练自测

以上所述，是浑元桩的一系列技术规范。那么怎么检查站桩的正确性呢？有许多练站桩的人，从外形上看像那么回事。可经不住检验。当辅导者推他的手臂时，一般会出现两种情况：一是太僵硬，碰到他的两臂以后整个人都被推动了，这就是说他的手臂成了传递受力的工具；另外一种情况就是一碰手臂，他的间架就瘪了，这两样都不对。说明他不懂站桩的道理。正确的反应应该是像按弹簧一样，你推他、压他、拉他、托他到一定程度，他都会反弹回来，这才是站桩所要求的状态。要恰到好处地掌握时机，“一触即发”。意拳讲究周身无点不弹簧就是这个意思。另外，在检查练功者站桩是否正确的时候，经常能碰到这样的情况：他采取抱树的意念，我们用手向里去挤压他的胳膊，他则用习惯的用力方式，向外作直接的抵抗，这是错误的。其结果非但用不上，反而容易被利用。正确的做法应该是来自外界的力量越大，越应该通过意念将怀中的大树抱紧，此时力量会增大很多，这才是站桩时应该达到的整体撑抱力，是整体力的统一与协调。前者的用力，是人们的局部习惯用力，是笨拙的用力方式。而后者是通过训练有意识地加强了整力的培养，是技术性的功力体现。类似的例子，如果你用局部的力量，去直接克服压在你前臂上的力量，你会感到很吃力。此时你如果用意念去想象，用手去抓握住前面的一棵小树，你的力量顿时会感到增大了许多。因为前者的力量是局部抵抗，而后者则是整体的加强。

检查桩功正确与否，还要看站桩时身体各部位的工作状态。曾经遇到过这样的情况：有的人能站几个小时的桩，因而沾沾自喜。但一旦指出他的身体根本不在工作状态的时候，会让他大失所望。因为他站桩时，只有一个空架子，没有内容。就是说他的关节韧带乃至肌肉，都没有处在应感而发的预备动状态。具体来讲，他的脚下往往是全脚掌着地，脚跟没有一点空灵的意念，脚心没有内吸的感觉。因此他的跟腱处在松弛的状态，也就是说根本不工作。加上意念活动，跟腱应该坚挺呈弓弦状态。在教学中碰到这样的练功者，一旦叫他脚上加上意念活动，他很快就会原地上下颤抖，坚持不了多少时间就累得不行了。原先能站三四个小时的功夫一下子就没了。意拳站桩要求“骨缩筋伸”，所有的关节，特别是大关节处的肌腱都要处于弓弦状态。从事意拳教学的辅导者，应该经常用手检查练功者膝关节腘窝处的肌腱和肘关节连接处的肌腱。摸一摸这些地方的肌腱，是否处于弓弦状态。也就是工作没工作。这是站桩有效无效的重要标志。只有肌腱处于工作状态，才能达到全身的连通，肌肉的预先拉长则有利于发力的实施。

以上所述，比较详细地介绍了意拳浑元桩有关精神训练和身体各部的具体技术要求。这些并不是看不见摸不到的抽象东西，除了摸肌腱的方法，在一些训练有素的练功者身上，当他站桩时有了临敌的假想之时，会在他全身的皮肤上，看到一粒粒的斑点凸起（俗称鸡皮疙瘩）越来越明显，这就是所谓的“毛发如戟”。这既是一种训练水平的表现，也是说明此时这个人具有极强的攻防倾向。“外练筋骨皮”提高皮肤的灵敏触觉，是意拳站桩独特的训练手段。以上基本上是意拳（大成拳）的原则、原理加上个人训练及教学中的心得体会。虽然尽了很大的努力，但仍然觉得意犹未尽，如果能给广大意拳爱好者一丁点儿启发和帮助，则喜不自胜。

2. **内外分手**

两脚平行开立，与肩同宽，两手高举成推托桩姿态。两手分别在体前的额状面上，做内外分手练习。所谓分手类似太极拳的云手。外分手，手心向外，大拇指朝桡骨一侧弯曲，使小指一侧的前臂及腕部，呈凸状圆满有力。以右手外分为例，在面前做顺时针向外划圈高至额头，低不过心窝。左手要求相同，方向相反，做逆时针划圈。两手在面前轮流做外分手。内分手，手心向外，小指向尺骨一侧弯曲，突出拇指根部鱼际处的挺力。然后右手做逆时针划圈、左手做顺时针划圈，两手轮换练习，协调配合。不管向内、向外都好像面对一面大镜子，在用手掌擦灰尘。这个练习强调两点：一是手型的变换，二是身体的协调配合。身体与手的运动呈相对运动状态。即手向右时人体向左，手向左时身体向右。还要注意用身子去带动手做，也就是说身体要主动、多动，不能不动。手的动作相对来说要小得多。看上去应该是身子在晃动，而不是手在忙乎。内外分手，练得熟练以后，可以做双手交叉的内外十字手，以及不同轨迹与不同节奏的混合分手。如果是双手在面前，做顺时针的上下绕环，即为“鬼手断”。在定步分手的基础上，可逐步过渡到活步行进间的各种分手练习。进退步的活步分手，是经常用于实战中与对方游斗时的一种引拳。

3. **蛇缠手**

平行步浑元桩开始，以左手为例，前臂内旋、扣腕、提肘经腋下向左后上方约 45°角拧转伸出。手心朝后上方，拇指向下，类似水球运动的背手球动作。肘关节不要伸直。随着向左转体，头也左转，眼睛顺背手伸出的方向看去。此时最常见的错误是耸肩。手向后伸到一定程度（手臂不要完全伸直，肘关节保持一定的弯度），开始向反方向拧转，大拇指逆时针翻转，变成手心向上，肘关节仍然要保持弯曲，用小指一侧的掌根，从后往前平扫，至体前于口鼻部位停住。右手练习要求一样，只是动作相反。单手动作熟练以后，开始双手协调配合的轮换练习（当一手处于向后上方伸出到位的时候，另一手则运行到体前，手心向上，平扫停留部位），匀速、慢速、快速、变速都要练习。蛇缠手，是练习意拳双推手的基本功。在这个练习的基础上，只要有指导者和同伴的带动，就能够很快学会意拳双推手的基础打轮儿。

第二单元

（一）训练内容

1. 复习：浑元桩、内外分手、蛇缠手。

2. 学习意拳基本步法——摩擦步。

(1) 掌握“提、趟、扒、缩”;

(2) 注意“磨胫”的要求。

3. 学习进退步、定步、正常步法与大步练习。

4. 学习平行步横移位，固定一脚的诱导练习。

5. 学习“摇旋试力”。

(1) 意拳最重要的基本功练习。摇与旋在意拳训练中具有不可替代的作用。掌握了摇与旋的技术要领，其他练习，诸如试力、发力、基本拳法等可以迎刃而解。只要你练习意拳技击，摇与旋就是须臾不可离开的基本功。这是传统意拳教学中特别注重的技术内容。

(2) 平步、丁八步、活步。倒重心体会大腿根部的退让性工作。要克服扭胯的错误动作，注意身体的整体运动。

(二) 功法说明

1. 摩擦步

初习摩擦步可以从立正开始。首先凝神定意，两眼直视前方一个固定的目标。以先行左步为例：两膝稍微弯曲一点，两手左右分开，在意念中好像两只手扶在两边的栏杆上，以保持身体的平衡（这是假借，不可真的扶握栏杆进行练习）。然后，开始出左脚，迈左腿。在提脚时，要设想是从烂泥塘里拔起来一样（假借）。要全脚掌包括脚跟同时拔起来。如果我们先提脚跟，就好像脚上穿的鞋子会被烂泥粘掉。同时还要设想左腿膝盖上面，好像有绳索垂直往上拽，帮助整个脚从地上拔起来。脚拔起来后，缓缓地沿地面摸索着往前伸，好像在脚下有一个细细的小圆木棍儿，用脚踩着这根圆棍儿，慢慢地往前滚动。同时，还要设想不仅要向前去滚这个圆棍儿，而且还要向后回滚这个圆棍儿。于是我们将在这又去又回、又回又去的矛盾状态下，试探着往前走去。这种神态真跟变色龙一模一样，看着它不紧不慢，欲进不进，欲退不退的憨态，可是一旦它对准了猎物，吐出长蛇般的舌头吞吃时，其速度和准确性又令人叹为观止。我们在作具体练习时，不妨学一学变色龙的样子，在外形上不一定做出来，但意念上要有那么点意思。因为我们在实战中，是不能让对手察觉出自己的步法意图和行步规律的。这一步可能是进，也可能是退，也可能是整步，又可能是半步，总之要令人不可捉摸。这种景象好像篮球运动员或足球运动员带球过人的一瞬间，处于左右不可判断的那种神情。当我们在矛盾状态下，左脚迈出到膝关节将要伸直的时候，向左斜前方落步，也就是左脚往外移两个脚的宽度（大约 10 厘米）。脚尖先着地，然后脚掌和脚跟再落地。落地以后，身体重心开始缓慢移到左腿上去。左腿膝关节微弯曲，待身体重心完全移到左腿上面以后，开始把后脚（右脚）慢慢地从烂泥地里拔出来。要求和拔前脚一样，当右脚收到左脚的踝关节内侧位置时，开始超越左脚往前伸出，要求仍然和迈左脚时一样。当迈到右膝关节将要伸直的时候，右脚向右斜前方落地，即右脚外移两个脚的宽度，也是脚尖先落地，而后脚掌、脚跟依次落地。紧接着再把身体重心慢慢地移到右腿上。当身体重心完全移到右腿上时，左脚又开始往起拔，然后徐徐经右脚踝关节内侧处并拢，再向前伸出。如是反复练习。此为向前走摩擦步的训练方法。需要强调的是，无论是向前走，还是向后走，两眼始终要注视一个目标，而不是两个或两个以上。

下面来介绍往后退的摩擦步。为了叙述的方便，仍从立正姿势开始说起，以先退左步为例，重心放在右腿上，开始拔左脚，仍是从烂泥地里全脚掌拔出，仍要设想左膝关节上面，有细绳垂直往上提，帮助左脚从烂泥地里拔出来，然后踩着小木棍儿向后滚动，仍然是在有前有后、来回揉动的矛盾状态下，往左斜后退步。到左腿膝关节将要伸直的时候，用脚尖先着地，而后全脚掌落地。落地以后，则徐徐将身体重心从右腿移到左腿上，当重心完全落到左腿上时，以左腿为支撑腿，又开始提前脚（右脚），要求一样；全脚同时提起，踩圆棍儿往后收腿，也是在矛盾状态下缓缓回收。此时不要用右腿一个腿的力量往回收拔，而要配合左胯朝斜后方坐，同时头顶向上顶，膝盖往起提，用全身的力量把右腿收回来。当右脚收到支撑脚（左脚）的踝关节内侧时，开始往右斜后方退步，要求和退左步一样。如此反复练习。

注意不管是进步还是退步，都要经过两脚近乎并拢的阶段，然后再向前或者向后走另外的半步。整个动作与滑冰运动员收腿侧蹬的动作相似。至于向前走多少步，向后退多少步，则无从规定。要根据练功场地的具体情况和个人的体力去安排。开始练习摩擦步可以只练进步或者退步。进一步熟练之后就要打乱顺序随意进退，以适应实战的需要。

以上谈到的是意拳摩擦步的基本练习。动作要求可以概括为四个字：提、趟、扒、缩。这是传统的步法训练口诀。提（膝盖）、趟（脚）是指起脚的动作，落脚则是（脚趾）扒、（脚心）缩。

有了以上练习的基础，再进一步练下去。其要求是；在迈左步的前脚（左脚）往前滚圆棍儿时，不是单单地用前脚滚了，而是用后腿（右腿）和身体的力量，特别是胯的力量把前腿和前脚推送出去。送到膝关节将要伸直的时候，不忙于落地，而是用后胯的力量继续往前推送前腿和前脚，使前脚在后腿的推送下，向斜前方再多滑动大约 15 厘米。这就是说，整个步长要比基础的步法延长一段距离。当前脚落地时，变脚尖先落地为脚跟先落地。前脚着地以后，身体马上要跟上去，体重立即移到前腿上（左腿），右脚也马上跟上来。跟到与前脚（左脚）所站的位置相等的地方。然后，右腿再往前滚圆棍儿，也是滚到膝盖将要伸直的时候，再用左腿左胯推动右脚向斜前方多滑 15 厘米。以上为步法训练的大步前进法。

作大步退步时，则是在后腿膝关节将要伸直的时候，用前腿（左腿）往后再接着推送，用脚尖继续往斜后滑，也相当于 15 厘米左右，应让脚尖先着地，紧跟着过渡到全脚掌着地。同时前腿（左腿）也立即收回，收到与后腿（右腿）落地相等的位置上。如此左右互换练习。在做这种摩擦步练习的时候，应该配合大式桩。因为配合大式桩训练可以增加腿部的稳定和力量。

在步法练习中，特别是在前面讲到的第一种基本步法练习中，要集中精力，注意有以下意念；当前脚踩着圆棍儿（假借）在矛盾状态下往前走时，如果脚下碰到了障碍物，例如正在行进中，碰到了一个树根或者一块石头，我们的脚要能够马上停住或者收回。后退也一样，要保持高度的警觉，一旦觉得不对劲儿，脚下有异物或者是凹坑，要能够及时处理，或者停住，或者收回。在意念上要始终有如临深渊、如履薄冰的精神状态。

王芗斋老先生关于步法有这样一段精彩论述："有定位者，步也。无定位者，亦步也。如前足进，后足随，前后自有定位。以前步做后步，以后步做前步，更以前步做后之前步，以后步做前之后步，前后自无定位矣。"步法训练，基于实战之需，就不能有固定之进退，而只能相机而动，随势而变。

2. 摇与旋

摇旋试力是意拳试力最基础的实力，所有的试力，都离不开摇旋的内容。没有练过摇旋试力，可以说没有接触过意拳，或者干脆说不懂意拳。在过去的年代里，意拳教学中最为珍贵的练功方法，一般是不会轻易传人的，其中摇旋试力几乎放在秘而不宣的功法首位，足见其在意拳训练中的地位。不管你是初学意拳还是意拳老师父，只要你还在练功，就一天也离不开摇旋。

摇旋试力，假设站立在齐胸的温水之中，采用推托桩的间架，两手举起，肘部高于肩部，手心斜向前上方，拇指朝下，两手半推半托。特别要注意，保持两肘与颈后构成的三角争力。这个练习，最重要的一点是两只手的动作要服从身体的动作。也就是两手相对不动，用身体去找手。“摇”与“旋”有区别。摇，是在身体额状面上的左右平移。旋，是围绕身体的垂直轴所做的圆周运动；摇，用身体微微向左右移动，在双手相对不动的情况下，形成手与身体的平面交错。旋，在双手相对不动的情况下，用身体围绕身体的纵轴，作顺时针与逆时针的圆周运动。摇旋试力大小幅度、快慢缓急都要练习。在作摇旋的时候，还要注意髋关节的稳定性，这个练习最常见的错误，就是扭胯，把整体的摇旋变成胯部的体操。其他的要求都与浑元桩相同，不再赘述。浑元桩是基本功的基本功，浑元桩站不好，练不了摇旋。在平行步摇旋的基础上，还要采用丁八步练习摇旋，包括顺步和拗步。技击步摇旋动作的幅度，也要较以前的练习逐步放开，同时对动作节奏的要求也逐步提高。总之，内在的东西越来越丰富，外形变化亦能看出身上、手上有没有功夫，有没有东西。所谓行家一伸手，便知有没有。摇旋练习贯穿技击训练的始终，在此以后的各种试力、发力等训练中，都有它不可替代的基础功夫。

第三单元

（一）训练内容

1. 复习：浑元桩、内外分手、蛇缠手。
2. 复习：摇与旋。
3. 复习：摩擦步。
4. 学习意拳的三种基本拳法：短冲拳、钻拳、栽拳。

⑴ 注意意拳拳法的特色；

⑵ 争力的概念，前手打拳后手用力；

⑶ 力不出尖、两手打拳的理念。

⑷ 学习平行步定位出拳，再练习丁八步出拳、固定一脚的练习、活步进退步出拳。

（二）功法说明

1. 短冲拳

意拳拳法无论怎样出拳，都不能离开“形曲力直”的原则。即使是向前的直击，也不能把手臂完全伸直。过度地伸直，极易造成手指和肘关节的损伤，而且易被人所利用。所以意拳向前的正面攻击采用的基本拳法，就是不直的直拳，按中国武术的习惯称为冲拳。练习的时候，从定步出拳开始；从技击桩丁八步，两臂横撑竖裹的基本间架做起（特别应该注意的是，始终保持两个肘尖与颈后形成的三角间架），两手虚握拳，前拳位置不动，意念上稍有往回缩的意思，立即用髋关节的退让与制动所产生的鼓荡力量，使身体猝然向前撞击前臂肘关节，将前拳径直向前方弹射出去。同时设想前手与后手之间，有一条橡皮筋相连，在发力的时候，前后手猛然一争把橡皮筋扯断，前拳就像弹丸一样弹射出去，既有速度又有力量。这就是先辈所讲“前手打人，后手用劲儿”。与此同时还要注意全身的协调，“身似弓弩拳如弹”。在做两手前后争力的时候，前脚猛然往地下一踩然后立即提起，膝关节力向前指，而后胯则力向后指，这是下盘的争力。意拳发拳的瞬间，看上去身体往下运动，好像举重运动员在做提铃至胸的那一股劲儿，大腿根部一颤动，实际上正好利用大腿以及整个下肢的反弹力量，将拳非常有力地发出去。这个动作是区别技击和拳击的重要肢体表现，也是意拳独特的发力机密。头向斜前方顶，脖子向所出拳的同方向拧转，眼睛向击打方向看。在实战练习中，特别要检查头部的技术要求。比如是否仰头扬脖子。这是许多练习技击的人的一个通病。不但发不出应有的力量，而且一旦被对方击中是十分危险的。发现了这样的问题，只好回到站桩的基本功上去，慢慢找回来。出拳前握拳不可僵滞，拳眼向上，前臂向内拧转。在击中目标的瞬间，拳眼转正，腕部向前下方微扣，拳头好像打在烧红的热铁上，绝不可停留，随势弹回原先出发的位置。不直的直拳打到什么位置？以前脚脚尖为准，一般不要超过前脚脚尖。即“力不出尖”的狭义解释。意拳无论用拳还是用掌，最重要的一条是：手足齐到。拿前冲拳来说，拳打到目标的时候，也正是前脚往地下踩的时候。以后的退步发拳、拗步出拳都不能违背这个原则。步法与拳法的高度协调统一，是中华传统武术的特色。拳击运动的步法和拳法，不是同步运行而是站稳了再打，所以不好利用全身的能量。在出冲拳的时候，身体一定要向另一侧移动，形成侧身攻击的状态。一来可以躲避对方的来拳，二来可以增加打击的力度，体现了意拳攻守合一的技击原则。

上面所说的是顺步冲拳。拗步冲拳则要求转体动作稍大一些，以后脚前脚掌为轴，向内拧转，腰胯相应转动，所谓“腰似车轮腿似钻”。拗步发后手拳的技术要领是；前手不动，用头去找前手，头部到了位置，后手拳非常顺当地就打出去了。不管是顺步拳，还是拗步拳，都要求用身体带动手去做，而不能是手动得多，身子动得少。这就是“一动全身转”的意拳技击原则。身体重心的转移，将对击打力量产生极大的作用。接下来谈谈蹬地转体的问题。体育运动的不少项目，都有蹬地转体的发力技术要领，按照武术运动的叫法，即“消息全凭后足蹬”。但究竟蹬地转体的动作由哪儿开始发动？经过什么途径传递力量？往往没有引起人们的注意。其实蹬地转体的动作，并非由后脚脚掌开始，而是由髋关节开始，经膝关节到足腕踝关节，即由近体端的大关节开始到远体端的关节，依次伸展完成的。这和蛙泳腿的发力以及工作顺序是完全一致的。传统的说法中，把这个工作顺序弄颠倒了。真由后足腕开始用力，是无论如何发不出力来的。诸如此类的技术细节，意拳都要靠试力，来完成摸劲儿的任务。

以上练习，可以空拳练习。先定位练，然后活步练。亦可在打沙袋的练习中摸索。在熟悉了前进步的冲拳以后，还要练习退步发力的冲拳。假如我们从右势（左手左脚在前）开始。左脚往后抽至右脚的踝关节内侧，此时右手在原来的位置上不要动，待左脚经右足踝继续向左后方落步的同时，出右拳向前击打。要求也是左脚落地的同时，拳到达目标发力。特别要注意是“同时”而不是先后。如从左势（右手右脚在前）开始，动作依然，反方向而已。掌握了退步发拳以后，可以在以上练习的基础上，固定一只脚作支撑腿，另一条腿前前后后来回反复做进步、退步的发拳练习。这条腿做完了，再换一条腿做同样的练习。支撑腿原地不动，但要随着身体的移动，相应地来回拧转。左右支撑脚轮换练习，使步法与拳法随着协调，最后形成非常独特的意拳技击艺术。在基本拳法的基础上，如果稍加变动，在接触目标的瞬间，可变拳为掌，或变掌为拳。如果拳走空了，还可以猛向自己的胸前收回，同时肘关节做相对运动，向前横扫，此时打击的锋芒部位，将是前臂尺骨侧或肘关节的突出部位。这就是意拳的肘发力，也就是肘击。肘击的要点，在于收回的手，要在打击力量到达的时候，用力握紧拳头，加强肘部的打击力量。肘击以后，手臂还可以往回做侧发力，以手掌的小指一侧外缘，像刀一样砍过去，谓之“横扫千军”。以上运动过程，说明意拳技击的连续打击能力和举手不留情的战术思维。

以上讲的是由基本拳法引起的几种变化。其发力机制是相同的。只在身体腰胯及肩的转动上有所区别。用肘击打，则身体转动的程度大一些。意拳要求“手不空出，意不空回”，即在没击中对方的时候，往回收手的过程中，也要做出阻挡、偏挂等小动作，总要给对手一点小麻烦干扰他顺利还击。这就是“回手似钩杆”之意。在做基本拳法练习的时候，同样要注意“但求神意足，不求形骸似”。重要在内容而不在于外形的包装。实际上，这种冲拳称为不直的直拳，外形上虽然击打的方向是前方，但却包含有上下、左右、前后争力的呼应。由于全身的浑然一争，不管是前手或后手以及整个手臂，什么地方碰上了，都会有强大的反作用力。意拳训练要求躯体各部能在任何情况下发力，但又要注意保持间架的平衡。“间架”是保护自己，同时又是便于攻击的基本姿势。这里再一次提醒大家，间架，最少应该记住，是保持两肘与颈后的三角营垒。也就是说无论怎样动，两肘都要相对固定，不应该两肘忽前忽后、忽远忽近，失去了应占据的回旋空间和发力的技术准备。

在练习向前的冲拳时，常见的错误是两手争力后，后手幅度太大，拉得太开，使自己面部暴露得太多。正确的争力是，后手只是在自己的口鼻部位，画一个小小的圆圈儿。应该做到前手竖，后手横，不管前手打得着打不着，在发力的瞬间，前手与后手应该形成两道防线。所谓“不在对方中与不中，而在己身正与不正”“己正不管他人斜也”。平衡是力在发出时，要使身体能保持平衡状态，不能孤注一掷。在保持平衡的基础上，还要有发力的持续性，一发即止，一止又能再发，如此连续不断如枪炮之弹簧然。为了适应发力的需要，身体部位自然会出现高低、左右、前后等不同速度的、灵活机动的变化与转移。在论及意拳基本拳法的具体练习时，特别要强调：练习的目的在于检验自己的力量能不能应感而发，并不在于完成一招一式，制定固定的进攻和退守的练习模式。意拳练习方法，既不同于“见招破招，见式打式”，在招法框框内求出路的练法，也不同于“千招会不如一招熟”，不看形势、不分主次而一味蛮干的练拳方法。之所以反复强调这些原则、原理，其目的就是要引起大家足够的重视。

2. 钻拳

由下而上的上冲拳。“起是钻、落是翻、起手如钢锉、回手似钩杆”。从下往上打的拳法，也是要求要有螺旋和拧裹横撑等诸项力的合成。意拳的上冲拳，不同于拳击运动的上钩拳。两肘所处的位置，仍然是保持横撑竖裹的间架。在出拳的时候，也不能有夹肘或张肘的动作。两肘要始终保持技击桩的基本间架。在前手拧转向前、向上发力的时候，后手做相反的动作，向后、向下争力，仍然是利用躯干的转动，和身体沿纵轴的上下争力，去加强前手的打击力量。一般情况下，前手应由原来的拳心向下，拧转到拳心向内去击打目标。与其他基本拳的要求一样，不一定是什么部位接触对方，当然要把注意力集中到拳峰。但如果打过了头，就可以用手背或腕部去击打，利用手背或腕部的击打是在下发力的基础上，靠髋关节的伸缩所产生的弹力，向下砸对方的面部。大家都知道，在一般情况下，打反手耳光的力量，要比打正手耳光的力量大得多，所以用手腕背部的下砸，是比较凶猛的动作。由下而上的上冲拳，打得再过去一些，用肘关节击打也未尝不可。总之，思想要解放，不要受“拳”击的束缚。还要注意双手的轮换连击，当前手攻击过后立即回收，同时转体移动重心，变后手为前手，拧转向前、向上击出。至于顺步、拗步、进步发力、退步发力等，均与冲拳练法相同。

前面介绍过，意拳是左右手齐动的打法。打顾结合、攻守合一，所以在一个拳进行攻击的时候，另一个的拳或掌必定处于防守的位置。“两手结合迎面出，自然把定五道关”，就是说后手的协调配合，会形成能攻善守的技击间架。从下向上的冲拳，同样可以变换为从下向上的掌法或肘法。往上击肘时，注意同侧的拳头去找自己同侧的耳朵。

3. 栽拳

由上而下的栽拳，又称栽锤，是中国武术的独特打击手段。它既不同于拳击的摆拳，也不同于拳击的平钩拳和下钩拳(向下的钩拳)，拳击运动里从上往下打的下钩拳，已经废弃不用。而意拳对栽拳却情有独钟。当年我的老师就是以栽拳的出色发挥，威震武林。社会上有一种说法，以为姚宗勋先生练的是拳击式的大成拳。依笔者看来，说姚先生打的是拳击式的大成拳，无所谓是褒是贬。实际上姚先生是在当年，芗老战胜英国拳击世界冠军英格之后，奉师命研究西洋拳法的。姚先生把拳击运动中合理的技术部分加以改进，借用到意拳技击训练中来，是符合意拳的治学精神的，是先进思想的体现。比较准确的说法，意拳技艺中，能够看到拳击运动的影子，而拳击运动与意拳毫无共同之处。栽拳仍然要求形曲力直，仍然要求用身体去带动手臂和拳头。在打栽拳的时候，身体位置的左右移动要比前面两种拳法幅度相对大一些。在拳术中，头的位置非常重要，故前辈云："头正则四体百骸无不为其所用矣。"头在任何时候，都要保持适当的中心位置，适当的位置即为"正"。在技击中，头的位置，要始终处于运动中的平衡状态。头部位置的倾斜和过度的俯仰，必将引起身体枢纽的偏倚和不得力。不用说正确的发力将受到极大的影响，而且会失去任何抗击能力，而受人所威胁。俗谚"低头猫腰，学艺不高"，即是说的类似这种情况。相反头部的正确位置，是实现"制人而不制于人"的应敌要诀的有效保证。当你的头部避开对手威胁的时候，也必定是你发力舒适得力的好时机。可以设想在技击中，一个人的头部位置不适应形势相应变换，而始终处于正面临敌的僵滞状态，将会是什么结果。意拳宗师王芗斋先生对此有一段极为精辟的论述："松紧之枢纽在于上下、上下相引为周身互争之法。"没有以头部为引导的上下争力作为基础，前后、左右的争力就无所作为。比如把几个木棍横捆在一条垂直的钢索上，如果这条钢索是松弛的，那么这几条木棍就谈不上有什么支撑力。此时如果把垂直的钢索上下绷紧、固定，那么木棍上的支撑力，也就明显加强了。人体之脊柱犹如这条垂直的钢索，而横向的木棍则如同人的手臂，要想出拳有力，没有脊柱沿垂直方向的挺拔是不可能的。所以说拳术中头的位置，具有重大的领导作用。

现在回过头来，介绍意拳栽拳的具体练习方法：首先要保持头部向上领，身体挺拔如高山峻岭，随着上步的同时，头带动身体向后腿一侧横移，此时前手的手臂有一种被甩起来的感觉。以左手在前为例，左拳自体前横移，当前臂感到碰到对方阻挡的手臂时，吊提肘关节，围绕着“点”（和对方交叉之前臂接触点）向下栽去。此时身体有上长之意，拳心朝前，前臂内旋到位，以拳上突出的关节部位击打目标。在刚一接触目标的瞬间，全身猛然一紧，好像山崩地裂一样，将巨大的打击力量，由上往下落到对方的面部或身上。这时几乎是全部体重，加以加速度所产生的爆发力，大有泰山压顶之势，不可抵挡。此拳关键的要领，在于横移身体晚抬肘，千万不要先吊好了肘再往下栽，一则给自己造成危险，暴露部位太多、时间太长，二则没有了连贯的动力。只有在控制了对手的前臂时，才能顺势提肘下栽。与此同时，另一只手要注意保护自己的头部。栽拳属于重拳打法，一般在实战中不宜使用。

第四单元

（一）训练内容

1. 复习：重点复习摇与旋、摩擦步、基本拳法。

2. 学习神龟出水，这是意拳另一个重要基本功，是典型的浑元力（上下、左右、前后）基本功练习。难度、幅度为意拳训练之最。掌握了这个基本功，意拳才有基本的味道。要注意意境的培养，既要神意足又要形骸似。

3. 学习意拳单操手：能提高技击专项身体素质，亦可作为热身练习。前后悠臂、指天画地、左右砍架、老罴搬缸、猿猴攀登、二郎担山等。

（二）功法说明

1. 神龟出水

大步桩姿势准备，两手举起高与肩平，手心向下，前手前伸与前脚垂直一线，后手约在右胸前。整个身体是低姿大架，双手呈大幅度展开的扶按式。设想自己仍在水中站立，后手环抱成一个圆圈，前手也环抱成一个圆圈。开始练习时，身体下沉，头部从后手形成的圆圈氽入水中，后胯下坐，前腿髌骨处力向前指，前脚脚趾扒地。设想身体沉入水中后，向前找出口，即前手环抱成的圆圈。头部经过这个圆圈钻出水面，自然是后腿蹬地身体上下起伏。这个动作最常见的错误，是完成动作时成为弓箭步。应该始终保持前四后六的后重步法。另外，这个动作最难、也是最应该注意的是身体向横方向的移动。如此反复练习左右互换。这个试力，传统的叫法是“神龟出水”，是意拳教学最为机密的技术专项之一。

2. 前后悠臂

两腿平行开立，与肩同宽。两臂分别向前向后随转体动作悠起来。至前后平举自然落下，手心可同时向上，也可同时向下，一上一下也未尝不可。注意悠臂的动力来自身体的起伏，也就是髋关节和膝关节的压缩与伸展。两臂不可用力，头部不要转动，眼睛始终向前看。这个练习，为以后的向上发力作了很好的铺垫。

3. 指天画地

所谓指天画地就是上臂前后绕环，即一只手臂向前，另一只手臂往后，做最大幅度的、不同方向的绕环动作。要转肩不转头。肩关节的灵活性，无疑对技击应敌大有补益。上臂前后绕环，既可提高肩关节的柔韧性，又可培养肢体和两臂之间的协调性。这个练习，看起来很简单，实际上做好了不容易。初学时可能做不上来，可以采用双手在额状面上，也就是身体的正面，在同一方向，即顺时针或逆时针绕环，而后逐渐过渡到变前面的圆为前后的立圆。

4. 左右砍架

两脚平行开立，与肩同宽，两手高举成推托桩姿态。姿势同上，当右手做外分手顺时针画圈时，好像是在进行格挡。此时左手自左上方到右斜下方 45°角，以掌心向上，突出小拇指一侧的“手刀”做劈砍对方脖子的动作，轮流转换左架右砍或右架左砍。身体协调配合，左右转体。收下颌，眼睛始终向前看。熟练后可变换节奏，快慢结合练习。

5. 老罴搬缸

准备姿势为平行步提抱桩。两手好像在身体前面，端着一口大水缸。要模仿老熊的样子，端着这口水缸往前蹭，注意是“蹭”不是走。此时要设想以身体的一侧为门轴（而不是以脊柱为轴），这样做的目的是为了增大身体转动的幅度。先向前用一只脚蹭一步，也就是几厘米的样子，脚不离开地面，然后蹭另外一只脚，如此这般耐心练习，一点一点地往前蹭。熟练以后再练往后蹭，也要想着水缸很沉重，行动起来很不方便。整个形象，真像一个大黑熊在笨拙地搬重物。这一类的练习，都要神意足才对。谁能想到通过这么笨拙的练习，能获得极为灵敏和协调的拳术特有素质？意拳散手的许多基本拳法的发力多基于此。

6. 猿猴攀登

两腿平行开立，与肩同宽。好像在我们的面前，有一架很高的藤梯。我们要学猿猴的样子，作攀上去再退下来的嬉戏。向上攀登，要做到身体全部伸展站直，脚跟离地，下降时要做到深蹲部位。两手轮流做抓握藤索的动作。动作由慢到快、再到变速。“但求神意足，不求形骸似”。把猿猴那种灵巧和敏捷大体表现出来就行了。这个练习运动量比较大，可以自己掌握。

7. 二郎担山

独立桩开始，双臂前后摆动，手心向下，呈挑担子形状。如起左腿，提膝，脚尖外摆，脚心横着向前。此时右手在前，左手在后，充分拧肩，右肩对正前方。稍加停顿，然后悠臂转体，抬右腿，成左手在前，右脚心横着朝前的姿态。左右担山互换练习。注意头部位置，紧收下颌，眼向前看。这个练习，对提高手脚的协调配合有很好的帮助。

第五单元

（一）训练内容

1. 复习单操手、神龟出水。

2. 学习意拳试力：分水试力、饴糖试力、钩挂试力、偏挂试力、扶按试力等。力由试而知，更由知而得其所用。

⑴ 试力是意拳训练内容中最为繁杂的一项工作。所有的试力以摇旋、神龟出水为基础。

⑵ 用意不用力，神经支配意念领导，在抽象中求实际。

（二）功法说明

1. 分水试力

芗老把试力比喻成“在空气中游泳”，非常形象地描绘出了练习试力时的神态。不难理解，游泳运动利用作用力和反作用力的理论，进行技术研究，以提高运动成绩。分水试力，就是在陆上模仿人体在水中的动态。无论是平行步还是丁八步，双手放在体侧，手心朝前，拇指向上，肘关节微屈。然后，设想用双手往前拨水，此时身体应该往后移动。如果用手背往后拨水，则身体往前移动。依此类推，手与身体的运动是相对运动。初练时，两手可以采用同一高度的分水试力。尔后可以采用任何一种，双手不在一个高度或不在一个平面的分水试力。这个练习，不应只注意前后动作，还要注意上下、左右的争力意识。收下颌的技术要领须更加注意。

2. 饴糖试力

试力训练一般开始从平行步做起，然后再向丁八步过渡。饴糖试力，采用平抱桩为起势，手心向下，两手中指相对，在胸前呈抱球状，精神集中，眼向前看。要设想手下有一大团糖稀，两手斜向前下方，缓缓地将双手插入糖稀里面。到全手都被糖稀包裹时，再将双手慢慢向斜后方抽拔。注意体会糖稀的黏稠度，不可将手与糖稀分离，即“运力如抽丝”之状。前压时设想有浮力相阻，后提时要设想有力相牵引。次数不拘，时间不限，左右互换练习。要注意用意不用力，但求神意足，不求形骸似。总的说来，在试力时无论用任何姿势和意念，动作要慢，但不可断。手向前行，感觉随时有力量向后来。手向后行，则随时有力向前指。上下、左右亦然。在又去又回、又回又去的矛盾状态下进行练习。此即前人所谓“顺力逆行”之意。力量要始终处在这种又向前又向后的吞吞吐吐的矛盾状态中。也就是说处处、时时都要有争力存在，到处都有阻力感，阻力感的大小与功夫的增长成正比。初练时多注意手上的感觉，待手上有了东西以后，则要求用全身去做。

3. 勾挂试力

勾挂桩开始，两手心相对，大拇指第一节略屈上提，食指向前指，小指斜向下指。设想十个指端各有一个细弹簧系于前方，双手缓缓地斜向后拉，同时两手掌的外缘（即小指一侧的掌沿）和腕部向左右两侧拧转，待转到手心向下时，再改为向前推。前推时，要设想指端的弹簧有阻力。将弹簧慢慢地顶回，前手推到将要超过前脚位置时，再向回拉。仍然要注意两肘尖与颈后形成的三角间架。两肘不要忽而远离忽而接近。拳架散了拳劲儿就不整。这个练习特别要注重的是，当两前臂向后拧转时，好像用刀背儿去刮瓜皮或者是剃光头，而不能做切割的动作。这一点将在推手实用中作详细讲解。所有的试力都要用平行步、丁八步甚至大步，分别在左右互换练习中体会。

4. 偏挂试力

平抱桩起势，设想两手下有一大团糖稀。两手指分开，手心向下，缓缓向前插入饴糖。到双手全被包没时，双手开始慢慢向外拔。左（右）手拇指带动手掌拧转外翻，待掌心转到斜向右（左）上方时（前臂与上臂约呈120°角），改为向下、向外拧转，直到掌心向下，再向前插去。同时右（左）手虎口微撑，小指斜向前指，掌心含蓄并向下，用掌根下压外撑，同时缓缓后拉外分。配合手部的动作，胯略后坐，左（右）膝关节髌骨处力向前指。待左（右）手掌心转到向下时，随左（右）手向前插去。同样用平行步、丁八步，而且左右两个方向都要练。

5. 扶按试力

平抱桩开始，两手手指指向前方。设想身体站在水里，手下按着一个水球，慢慢地用手把球压下尺许，再将它缓缓地放起来，手上既要有向上浮提的退让性工作感觉，同时也要有克服越压越有阻力的感觉。如此用平行步、丁八步、顺步、拗步做左右交换练习。在注意上下的同时，也要注意左右的开合与前后的呼应，特别是胯部的伸缩。以上的训练，有了一定的基础以后，进一步可以做如下练习。采用大步扶按桩姿势，两腿重量分配为前四后六，两手抬起约与肩平，手心向下，十指尽量分开大一些，指向前方，前手的位置相当于与前脚上下垂直，后手位置略低于前手约两三拳，两手左右的距离约两三拳。设想站在水中，手下按着一个浮力较大的球，手仍被粘在球面上，如不能脱。用手缓缓向前推球，身体同时配合向前俯挤。设想球被推得微微动荡，随即后拉，变身体前俯之势为力向后靠。上体斜向后靠，臀部稍向下、向后坐，同时前腿髌骨处力向前指。设想球被拉得略有动荡，又变为向前推。往返练习，左右互换。注意前推时手有上提之意；后拉时寓有下压之形；前俯时头上有上起之势；后靠时臀部有下坐之景。完整地看，这个试力的全部过程，既有身体前后的运动，又有上下的起伏，还有左右斜向的摆动。这正是体验上下、左右、前后力平衡均整的极好练习。此练习要着重注意手腕处的变化。身体前俯时，扣腕用手腕的背部往前拱，身体后靠时，要扬腕用掌根下压外捻，拇指朝身体方向内扣，保持开合力。

第六单元

（一）训练内容

1. 总复习：重点复习需要强化的所有练习。

2. 学习意拳主要发力，以正发力的学习为主，另学下发力、侧发力、偏挂发力等。

3. 学习要点

(1) 试力为匀速运动，发力是制动、刹车。

(2) 掌握重点技术要领，反复练习，逐步熟练。

（二）功法说明

1. 正发力

定步正发力，是意拳最基本的发力。其准备姿势为浑元桩。站好丁八步，重心落在后腿上，两腿支撑体重所用的力，大约是前三后七，大腿外侧边缘似有力向内微裹，两脚则有意外张。后脚跟有踩蚂蚁之意，前脚要虚，前腿膝关节力向前指，同时后胯向后略靠，胯关节处力向后指，与前膝向前的指力相引。两手抬起，在胸前呈抱树状。在练习定步正发力的时候，双手叉开，变为双手虚握拳，也就是中指、无名指、小指的指尖轻触掌心，拇指和食指呈环状，虎口微撑，前手拳眼斜向前上方，后手拳眼向上，前手略高于后手 4~5 厘米。除手形的变化以外，其他要求都和浑元桩要求一样。应该特别注意的是：保持颈后与两肘尖构成的三角形间架。保持住这个间架，才能有攻防的优势和保障。双手发力动作的范围是：高不过眉、低不过脐、左手不向鼻右来、右手不往鼻左去、向前推不逾尺、往怀抱不粘身。

在发力之前，要设想自己的肩到肘关节这一段（亦可称为手臂之根节）好像没有，同时设想肘到手这一段（手臂之中节与梢节）好像一枚大钉子。这样做的目的是有利于肩部的放松，有利于力量的传递和注意力的集中。开始发力，首先是髋关节做退让性的压缩，带动身体和手，有往后微微的移动，然后立即利用胯部的反弹，催动整个身体前冲，要设想整个身体像是一个大锤子，骤然间要用大锤子去撞击肘关节（以撞击前手肘关节为主），同时，双手向内拧转，旋转着向前方伸去。假设在与对方身体接触的一刹那，手指突然弹直，此时就会觉得有一股强大的力量破指而出，发力动作也就算完成了一个周期。实际上整个正发力的动作，就是从浑元桩经过平抱桩到推托桩的完整技术演练。完成一次定步正发力，要注意下列要点：

(1) 在发力前要周身似松非松，若无其事。稍有用力则肌肉凝滞，会在很大程度上影响发力的速度与效果。

(2) 发力时，两手到达目标好像碰在烧红的热铁上，要求"一触即发，一发即止"，时间稍长就会被热铁烫坏。这样才能保证"发"与"收"的迅速。意拳非常讲究发力动作的完整性。整个发力要做到"一"而不应该是"二"，就是说"发"与"收"要一气呵成。

(3) 在发力的瞬间，后胯往下靠，前腿髌骨处力向前指，前脚猛然往地下踩，好像能够踩到地里去一样。这很像我们在劳动中，使用铁锨挖泥沙那样，后胯往下坐，前腿膝关节往前下方努，前脚也是往地里踩。就是那么一股劲儿。发力的瞬间一踩即提，不许延长。此时两腿支撑体重的力量分配为前七后三，但也要很快就弹回到未发前之状态。仍然是前三后七，以利再发，如枪炮之弹簧然。

(4) 随着整个身体对肘部的撞击，头顶向斜上方领，额头也要相应地向前冲撞，颌下要把那个想象中的乒乓球夹紧，这样做有利于力量的发挥。

(5) 双手在到达目标的瞬间，要有左右分拧的动作。好像前臂上下都有绳索捆绑，在发力的一刹那，两臂同时向左右分拧，"咔嚓"一下子要把上下的绳索都绷断。

(6) 发力时精神上要求指向很远的地方，要追求意境的真实感，诱导周身的"精神激发"状态。所谓"势如龙驹扭丝缰，谷应山摇一起撞"。

(7) 身上的力量有如弹簧，伸缩不已，要保持继续发力、连续打击的精神和肢体的战备状态，而不能孤注一掷。

(8) 原则上练习发力要结合试声（见前面试声一章有详细论述），运用声波的振荡，弥补发力的细微不足，亦为检验发力是否有不得力处的一种手段。

上述为意拳发力最基本的练习。从这个练习的过程和要求来看，我们可以对站桩的重要性获得重新的认识。如果没有通过站桩，摸索到上下、左右、前后平衡均整的拳术力量，要想直接练习发力，将是缘木求鱼，是不可能办到的。必然是顾此失彼，东扶西倒。从外形上看，发力很简单。过去芗斋老人与人较量，都是浑身一抖，就把人放出丈外。但是就这么一抖，所包含的内在力量就不是靠笔墨能够说清楚的了。概括起来，“发力”就是浑元力的发动。发力中肢体同时具有上下、前后之起伏，以及左右横向之摆动和身体沿纵轴之旋转等等。所谓拳得八面力是也。从肌肉的收缩形式来分析，则既有等张收缩（长度改变，张力不变），又有等长收缩（长度不变，张力改变）。从整个发力过程所包含的各种力量来讲，就更复杂了，它包括了整体的弹力，肢体旋转产生的螺旋力，肢体曲折形成的三角力，外形间架构成的斜面，骨骼支撑变化产生的杠杆力等等。总之是外形简单而内容丰富。说来说去，只有通过站桩，才能找到成功的捷径，舍此无第二法门。各种力的摸索和培养，可以说是日积月累逐渐“凑合”起来的。既不能揠苗助长，又不可望洋兴叹。只要坚持练下去，自然会“悟”出其中之玄奥。临渊羡鱼，不如退而结网。

2. 下发力

在练习定步下发力的时候，开始可以采用勾挂桩的基本姿势。即丁八步站立，两手抬起略高于肩（相当于口部），手指向前，虎口微撑，拇指第一节微屈，屈处上指如挑物状。食指稍上抬而前指。三四指微敛，小指斜向下，手心相对，两手间如挤一球。腕部下屈如钩物状。在做定步下发力的时候，要设想面前高处有一个滑车，滑车下面吊有重物。我们把两只手轻轻地搭在滑车的倒链上，然后凝神定意，猛然向下降低身体重心，后胯向斜后靠，同时前脚仍然要往前下蹬地，以保持身体的平衡。髌骨处力向前指。在身体猛然降低重心的同时，双手用腕关节的尺骨迅猛往下砸，双手突然一紧，变掌为拳（虚握），颌下若容一球，也要猛然压紧。这时的意念活动，好像是用全身的力量，把滑车下面吊的重物一下子给拉起来。也是一发即止，一拉就完，身体及双手立即又恢复到发力前的蓄力待发状态，准备再次发力。如前所述，松是经常性的，而紧只是刹那间暂时性的事情。练习定步下发力仍然离不开桩法，实际上这个发力就是丁八步桩向大式桩之转换。初学者练习下发力，可以从丁八步开始到大式桩结束。而进一步的训练则要提高要求，在发力的全过程中要由丁八步桩经过大式桩再回到丁八步桩，这中间不应有什么明显的停顿，当后脚落地时要设想好像踏在弹簧板上，一下子就给弹了回来。虽然是下发力，两手也应该有前后、左右的运动过程。双手在往回收的时候，两前臂仍然有涮筒子的意念，肩要撑，肘要横，向下、向后还要有左右的开合之力。这就是浑元力八面出锋的概念。这个发力还可以叫“拍皮球”，是形容在实用中能通过下发力，让对手像皮球一样地跳起来。最少应该理解为，发力是来回劲儿，不是有去无回。这个发力传统的叫法是“蜻蜓点水”，顾名思义，就是一沾就起的意思。

3. 侧发力

侧发力是横向的发力。准备姿势采用平抱桩的间架：丁八步，全身自然直立。两手抬起约与肩平，手心向下，手指相对，虎口微撑，指尖微敛如抓球状。两手拇指内侧与上、前臂如环抱一球。在向左（右）发力的时候，意力先要向右（左）即向发力反方向引导。好像练习书法那样，欲左先右，欲右先左。以向左侧发力为例，首先用意念引导身体向右靠去。初练可以露形，进一步则要求不在外形上有所表现，含而不露即所谓“形不破体，意不有像”。向右靠时觉得好像靠在一个很大的弹簧上，阻力很大，一下子被弹簧弹向左方，这时两手及手臂均向内旋转，同时向左右分拧，好像要把面前的东西猛烈撕开一样。向左（右）发力的重要之处，在于头部位置的转动。如向左发力，头就应该向左转，同时眼睛看着发力的方向，术语叫“变脸”。由于头部的转动，带动了身体纵轴的旋转。根据生理学状态反射的机制，头部向左转动会加强身体左侧肌肉群的紧张度，其效果就是力量的加强（头部在空间的位置改变以及头部与躯干的相对位置改变时，可反射性地改变躯体肌肉的紧张性，这种现象称状态反射）。由于头部向发力方向转动，带动了腰部、腿部向发力方向的拧转，于是产生了强大的离心力将对手连甩带撞发放出去。腰的转动、腿的拧转即前人所谓之“腰似车轮腿似钻”。在这个发力的过程中，还有一条容易被忽视的要领。即身体纵轴方向的意力延伸，也就是上下之争力。“意拳在十字当中求生活”，忽视了这个环节，将会极大地削弱发力的效果。前面叙述过的正发力的所有技术要领，其他发力都要借鉴，兹不赘述。

4. 偏挂发力

以推托桩为准备姿势。仍以右势为例，两手同时向身体左侧划立圆，前手划逆时针圆，后手划顺时针圆，变掌为虚握拳。前手动作大，后手动作小，完成动作后前手肘部高于腕部，后手腕部高于肘部。身体与手做相对运动，即手向左偏挂，身体向右横移。其他要求同前。

第七单元

(一) 训练内容

1. 总复习：查漏补缺。

2. 介绍单推手、双推手。重点介绍手型的变化和几个最重要的原则、原理。学习钩挂试力、扶按试力和偏挂试力的实用。

3. 学习要点有：守中用中、全身之法、节点面线法则、力学原则等。

(二) 功法说明

1. 单推手

单推手就是双方以单手相接触的推手。单推手的情况在技击中较为常见。因为双方在接触之前，往往都会采取侧身对敌的攻防基本姿势，此时如果双方都是右势或者都是左势，那么只要双方肢体一接触，就会形成单搭手的局面。如果一方是左势而另一方是右势，那么他们在肢体接触的时候，应该构成双推手的搭手形式。单推手同时又是进行双推手训练的基础。认真练好单推手，将对更好地掌握双推手技术，乃至散手技艺，都会有举足轻重的影响。

(1) 搭手：双方在搭手时所采取的准备姿势，就是浑元桩的基本间架。丁八步前三后七，两臂在胸前呈抱球状，横撑竖裹，撑三抱七，特别注意要保持两肘与颈后形成的三角争力。其他所有的要求都与浑元桩相同，只是在两脚的站位上显得更自由舒展一些，以舒适得力和符合个人习惯为标准。前手呈半握拳的“鸟难腾”手型，后手相应地自然抬起，不必过于拘泥，但一定要放在胸前，作为呼应和保护的手段。意拳推手是为实战服务的，同时也是实战的一种形式。因此，不管是单推手还是双推手，都要有随时准备应付脱点后的散手攻击。从推手的基本姿势就可以看出站桩功的属性，原来意拳的基本功和实用之间，竟是这样的一致。任何与实战毫不相干的东西，意拳无暇及此，不屑一顾。

双方搭手时，各采取左势（右手右脚在前）或右势（左手左脚在前），也就是说，双方同时以左手相接，或者以右手相接。开始接触的部分一般为双方前臂中段的外侧，当然要公平，不能一开始某一方就占了上风。单推手虽说是半边肢体的接触，但要通过这半边的接触，达到控制对方整体的作用。

(2) 单推手的适用：双方一搭手就有了“点”上的较量。这个“点”就是双方短兵相接的前哨或焦点。在“点”上是互不相让的，如同中国式摔跤讲究让跤不让把的道理一样，既要保持一定的紧张程度，不使与对方相交的手臂滑脱，又要保持“点”上的灵活和反应的灵敏。要随时掌握对方的动向和企图。要靠这个“点”去感觉辨别对方的松紧、虚实、力量的大小与方向，以及有无整体的拳术力量等等。这就是所谓的“听力”或者叫“听劲儿”。兵法云：知己知彼，百战不殆。在推手的过程中，我们时刻要注意“点”上的风云变幻，成败之机亦在于此。在这里我们还要复习一下“指力”的概念。搭手以后，无论怎样变化，或主动或被动，“点”上之力总是要指向对方的中线，也就是重心所在，别无旁求。实战中，如果能直接击中对方，岂不是省了许多力气和麻烦？但事情总不会一厢情愿，你一出手攻击，他必出手迎、挡，于是便出现了搭手的现象。这种现象经常能通过看拳击比赛得到证实，两个拳击手直接打的时间，几乎赶不上搂抱纠缠的时间。至于推手的划圈儿，乃是互相寻找攻击的空隙，和拨转对方威胁力量的方向，而形成的对抗性周旋路线。出于实战的需要，双方搭手后所走的攻防路线，就不固定是哪一个方向的圆圈。“圈”是在对抗中自然产生的，所以也许是顺时针，也许是逆时针，也许是斜圆，抑或是立圆，也许主动，也许被动。推手的形成是双方势均力敌的结果。如果双方力量悬殊，强的一方或能“搭手就放”，或者一搭手就能“定中”，控制对手动弹不得只能俯首称臣。

(3) 打轮：现在从训练手段的角度，列举双方前臂作逆时针转动的推手方式，来分析单推手的技术要领。当双方前臂接触之后，甲由抱球状的基本姿势开始，拇指朝向身体拧转前臂，变成掌心向下，手指斜向前，通过“点”上的控制，压住对方并直奔对方胸前肩下的部位。在前臂拧转的同时，要增加“点”上的摩擦力，带动对方前臂，使对方指力改变方向，落在他自己身体的侧面，从而取消了对我的威胁。这里提到的增加“点”上摩擦力的技术要求，涉及到在前面提到过的，我们的前臂，究竟是在对方的前臂上做切割动作呢，还是做刮毛的动作？意拳拳谚：支点力滚丝。滚丝不是滚动，是像齿轮工作原理一样，是咬合。只有想着，要在对方前臂上做刮毛的动作才能得到正确的结果。所谓刮毛就是在对方的手臂上做横向的动作。如果对方“点”上没有变化，或者跟不上“点”，那只要将这前臂一拧就可以用正发力将其放出。对方越顶越僵则放起来越漂亮。在这种情况下，要通过“点”上的觉察，判断出对方的意图。首先要保持住前手的撑抱力，不要松“点”更不要“瘪”。然后顺来势稍往下坐后胯，重心后移，同时身体与前手做反方向的运动（摇旋基本功）即前手相应做向右、向外的拧裹，改变对方攻击力的方向，以螺旋应付螺旋，并且身体向左横向移动，利用整体之动破坏对方的平衡。只要你能通过前手与身体的相对运动，保持你的右臂没有越过自己的中线（鼻之所在），即右手没到鼻子左边去，你就会有足够的力量，维持身体的平衡。当对方的进攻被瓦解之后，立即翻转手掌压在对方的前臂上面，变被动为主动。得势后马上转入反攻，向对方的胸部推去。注意推手在意识上是要推人，要克服对手手臂的阻拦，向对方身体发动进攻。没有这个目的，推手就成了双人舞。推手，说开了，这些动作就是站桩、试力训练中所做过的“摇”“旋”以及“神龟出水”等基本功的再现。缺少桩功和“摇、旋” 训练，无法领略推手的奥妙。

(4) 前手被对方下压控制时的变化措施。当前手被对方压“死”不可抗拒时，不必用力向上托顶，可顺势放松前臂，将肘关节提起，手腕向里旋转向下垂，使原先的一个腕关节在上、肘关节在下的斜面，变成肘关节在上、腕关节在下的斜面，这样可将对方的压力引向斜下方，这时不论对方的力气有多大也使不出来。在这种情况下，我们可以用突出的肘关节，来构成对对手的胸部的威胁。当对方感到不合适，需要重新调整力量的时候，我们又可以乘机再将手腕子翻转回去，仍变成肘关节在下、腕关节在上的斜面。同时做到全身的协调配合；

头顶向上领、后脚蹬地，重心前移，充分利用自己的体重，变被动为主动，最终把前臂压在对方的前臂之上，再伺机在控制对方的基础上发起进攻。手在上控制对方的力量应该是：身体往后靠，手指往前指，保持又去又回的矛盾力。这就是所谓“定中力”的含义。即用内在的变幻不定的功力，去牵制对方使之陷于进退两难的境地。

⑸ 身体偏倚的补救。在推手过程中，无论前伸后撤都应保持身体枢纽不偏不倚。但有时被对方所牵动，造成自己暂时失去了平衡的支撑，这并不意味着必输无疑，只要及时补救，还是可以挽回局面的。如我的前臂被对方牵动，形成了手超过自己身体中线的不利形势。这是单靠臂部力量很难挽回局面的。不如就势将前臂向内拧转并向前伸出，将对方的指力改变方向，引向自己身体的侧面来保护自己的中线。与此同时，身体向前手的同侧倒重心，仍用“点”指向对手的中线。这样就可以挽回失利的局面。如果对方继续顶抗，我则可以顺势将拧成麻花的胳膊再向相反方向拧转，同时往回抽手，将掌上变成向上的形势，用前臂和手背形成的曲折控制对方，变被动为主动。

还有一点要说明的：意拳推手不执著于脚步的固定位置，在单推手中也可以靠步法的转移来调节周身的平衡。再者所谓的单推手，也离不开另一只没有搭上的手的呼应和配合。在深入一步的对抗练习中，如得机得势能将对方“放”出去时，另一只手也可以辅助使用，而不存在什么犯规不犯规的问题。因为这是培养技击实战，而不是舞蹈与游戏。实际上由于两人的条件对等和单推手的独特手法，谁也不占便宜，想用后手帮忙，也不是太容易的事。

当你的前手被对方扯动过了自己身体的中线太多，根本不可挽回即将失败的情况下，你可以顺势将前手往身体的另一侧回收，用肩发力的技术将对方“撞飞”。其他拳种有的把这种用力方法叫“靠山膀”，很形象。

(6) 打放结合。单推手不但是意拳的一种练功方法，同时也是进行技击的一种手段。真正意拳的概念，只要一接触就能瞬间解决战斗。比如我们抱着浑元桩的间架，在与对方身体接触的一刹那，按照意拳发力的要求，一触即发。这时可能发生几种情况；一是直接击中对方，当然最好不过，如果对方接手时很僵，那么他的手臂就成了传递力量的媒介，就会被整体撞出。如果他的手臂在接手时很软弱，由于意拳出手有指力的含义，目标是对方的口鼻部位（中线所在），其结果可能是借他的手打他的身体，也就是冲垮了他的防线直捣黄龙。当两前臂刚一接触的时候，我们还可以通过用中指带动手部，作向手背方向的甩腕，利用手腕和前臂形成的曲折，控制对手的前臂，形成手指向下、手心朝向对方胸腹的塌掌攻击形势。在接手的瞬间，我们还可以向内扣腕拧转前臂，高吊肘部手心向外，拇指向下，形成栽拳的攻击态势，注意用另一只手保护自己的面部。当然离不开“摇与旋”的基本功和身与手相对运动的拳理依据。往右挂人，身体应该向左移动，其余依此类推。

以上介绍的是，意拳单推手的最基本的练习方式和一些简单的应激变化。在此基础上，大家可以参照前面详细论述过的推手原则、原理做创造性的发挥。只要不违反原则、原理，任何外部的形式，都无所谓正确与不正确。学拳的关键要搞“通”道理，若一一具体地解说，则会落入说手拆招的俗套，而束缚了学者的思想，难以发挥拳学之潜能。意拳推手中螺旋力和指力的结合，能够使所有的所谓擒拿方法化为乌有，这是学会使用原则、原理的先进教学方法的应有效益。一招一招地学，那要学到什么时候？如果大家有兴趣，不妨找意拳里手当面探讨。

2. 双推手

双推手，顾名思义就是两手同时接触纠缠的推手方法。双推手的变化，要比单推手复杂得多，在全身的配合以及步法方面都有较高的要求。从一定的意义上来讲，推手技术的内在变化要更加细致、精奥。此外搭手的技击艺术乃是我们中华民族所特有的技击术，是拳击、柔道、泰拳等国外拳法所欠缺的对抗技巧。意拳双推手是实战训练的一种形式。以往学习意拳推手都是老师亲临指导，同学之间揣摩研讨，在口传心授的基础上不断地实践，才慢慢得心应手形成自己的风格和特色。现在要用笔墨形容出来是非常困难的。要掌握好双推手的技术，只能通过不断的实践，摸爬滚打，和所谓“挖泥鳅”“斗牛”的初级阶段，逐步登堂入室进行真实的探索方能有得。纸上谈兵是不行的，按图索骥亦非良策。这里仅就几种常见的双推手形式来分析拳术原则、原理的运用。希望能对本书的读者，起到抛砖引玉、引导入门建立兴趣的作用。

(1) 搭手：以双方均以左势（右手右脚在前）为例，甲用右手以背手桩（前臂内旋扣腕，手指朝外，肘关节高于腕关节）的形式，放在乙的左手前臂的外下方。左手举起，小指朝外，手心向上，腕部高于肘部，放在乙右前臂的外侧方。乙方用同样的动作和甲搭手，于是就形成了意拳双推手的最基本搭手形式。此时双方机会均等，谁也不吃亏。

(2) 打轮：从双方搭手开始，然后双方各自分别用左、右手做蛇缠手（详见单操手）动作。即用前臂的旋内、扣腕、拧转和向外侧伸展，接着反拧回收的循环动作，配合步法的进退，完成意拳活步双推手的最初双人试力练习。这个练习，也可作为健身联谊的一种很好的娱乐手段。双推手打轮实在是不好叙述，但由会推手的人带着练习又非常容易。

(3) 双手在上时的控制方法：进行双推手练习，一搭手，如果我们的两只手都处在对方手臂的上方位置时，首先要利用手腕和前臂的曲折，也就是要扬腕来控制对方，肘部要有上撬的意思。然后可以主动或被动，进行攻防过程的不断转换。最主要的基本功还是“摇、旋”，由这个基本功变换而来的“偏”“挂”，或推拉互用、或上下结合、或一前一后，总之要在打轮儿的运动中不断寻找“放”的机会，机会可遇不可求，有了机会一定不要放过。所谓放人，是将对方的身体，稍加偏斜，趁其调整重心、立足未稳之际，进行有效的发放。打要远，力要绝，只要是放，就要从意念上把他扔到天上去。在推手时还可以采用以逸待劳的方法，等待对方犯错误，然后进行防守反击。搭在对方身上的两只手要有分工，总以前手为主，后手为辅。

关于全身间架的配备和两臂的活动范围，已在前面多次讲过，这里不再赘述。总之须臾离不开桩法、试力。下面就来分析在此形势下，可能发生的几种情况。

关于“脱点儿”的考虑。有人会提出以上的搭手形式，起不到控制对手的作用。说对方可以随时抽出手来进行攻击。于是就出现了一个所谓的“脱点儿”的问题。不能否认在推手的训练中时常能碰到“脱点儿”的现象，但在不同的情况下，结果会不一样。如果是两个初学者在推手过程中“脱点儿”，那么两个人重新搭上手继续练习就是了。但是如果发生在两个水平比较高的意拳爱好者身上，出现了“脱点儿”，则有可能造成不同程度的损伤。为什么呢？在前面单推手的论述中，介绍过“指力”的概念，无论我们与对手构成怎样的态势，我们要保持“点”上的“指力”始终指向对方身体的中线。对方能不能有意或无意地“脱点”，全在于我们的意力所指，是在对方的身上，还是在对方的手上。如果是注意力单纯地放在对方的手上，那“脱点”是不可避免的。但如果你的意力一直在对方身上，推手的目的，就是克服、摆脱对方双手的阻拦，去攻击对方的整体。也就是说立足于打，那么“脱点”的问题一般是不会发生的。“点”上的指力，可用身体上的任何部位去做。如腕部不能指，可用肘指，或用肩指甚至用头去指。于是在与对方的抗衡中，产生一种势能，如同箭在弦上。有一股威胁对方身体的力量，不断变换方向指向他的司令部。比如你想攻击他的头、胸，他在克服这个方向的力量，如果此时他突然撤掉防守，而后抽出手来进击，那么可想而知，我们的手会来不及收住，就会打在他的身上，并且一定会很重，不管你是有意还是无意，结果都会是这样。这种情况下，谁还敢抽手呢？第一他会感到威胁的存在；第二从距离上讲，抽手攻击，在路线上比两点间的直线距离要长。所以保持“指力”是非常重要的推手宗旨。只要有此意识就不会吃“脱点”的亏。实践中总是谁抽手谁吃亏，往往在不在意的情况下发生伤害事故。一般情况下，我们是用两只手轮换着指，也有的时候两只手都要指。

主动进攻的手法变换。从推手的原则、原理中得知：在推手的过程中，要做到“推拉互用”，只有推而没有拉，只有虚而没有实，或有实无虚都很难在实践中达到预期的效果。要求是又去又回、一松一紧、虚虚实实，使对方不可捉摸而导致判断错误，使我借力打力，取得实际效果。与此同时，不要被“推手”二字所局限。推手实际上不是光划圆圈玩儿，而是时时刻刻寻机“放人”。要做到推拉互用，就要真真假假，欲拉先推，欲推先拉，保持周身呈弹簧状态。比如想拉对方，就要先做相反方向的推挤动作，一旦对方用拙力前顶，全身僵直，没有了变化可能，我们马上就可顺势做下发力，使对手前跌。即使对手没有跌倒也会失去重心。当他重新调整身体位置时，你再改变方向，用正发力“放”他也未尝不可。意拳发力要求一触即发、一发即止，即保持发力的灵活性和持续性。意拳攻击的手段，不限于手掌和拳头，也许是手背、腕关节，也许是前臂尺骨侧的立面，也许是前臂骨的平面，也许是肘的横面。总之是赶上哪儿就是哪儿，没有一定的格式。只是不要忘记“出入螺旋式”，不管怎样动作都不能平着出去、平着回来。子弹如果不是旋转着出去，就会不平稳，也不会用力打得远。反正肢体不是作顺时针转，就是按逆时针转。往一个方向拧到一定程度不能再拧了，那不用问，往回来拧就一定很顺利。在推拉的过程中，更须注意步法的配合，攻击动作往往是在进半步、退半步或更小的震荡以及左右微转、上下起落的矛盾状态中，即足以将对方“放”出去。优势与否不在于手臂的大小。正如拳谚所说：“脚踏中门夺敌位，即是神仙也难防。”姚宗勋先生说：“功夫不够步子凑。”

被动反击的几种情况。前面讲了双手在上时，主动进攻的两种情况。下面举几个例子来分析，双手在上时，被动反击的情形。

首先，如果对方双手从下往上奔我的胸部推来时，不要用拙力去顶，而要用在上面的双手做向两侧分拧的动作，肩撑肘横，使对方指向我中线的力量分向两侧，从而失去其构成的正面威胁。我们当即可以用正面的发力将其放出。

对手从下往上攻击我时，我可用摇旋的技巧，用双臂向同一方向作顺时针的拧转，身体作相反方向的移动，这样一可以躲闪开对手的攻击锋芒，二可以通过拧转使对手的身体产生力偶，失去平衡。此时的摇旋可能是向左，也可能是向右，也可能是顺步，也可能是拗步。这要看当时的具体情况。摇旋的手型变换也是多种多样，可能是基本间架基础上的摇旋（即双手均在上，肘在下的斜面），也可能是一肘吊起，另一手保持原样（即一手肘关节在上，腕关节在下，另一手肘关节在下，腕关节在上）。与此同时，手掌有可能都是手心朝下，也可能都朝上，又有可能一手朝上，另一手朝下。总之，要根据不同的情况随机应变。用摇旋基本功取胜的要诀在于身体的整体之动，要用身体去带动手而不是手带动身。如果只用手去做，那是很难奏效的。再讲一种情况，就是不要怕对方的手进来，有时还要有意识地放他进来。当他的手接触了我的身体时，我非但不怕，反而从上到下再给他加一个裹劲儿，帮助他在我身上按结实了，这样一来其力已没有变化，此时我先向后坐胯，然后利用胯部的反弹力量，做上发力将其放出。这时候对方的手臂只给我们起了支点的作用，丝毫也构不成对我们的威胁。此刻对方会有一种陷空的感觉，很不得力，最终为我所用。实践证明，只有大胆地放进来，感觉对方的体重已经落到自己的身上时，才是施技的最好时机，一定会赢得很漂亮。

以上介绍了双手在上时的一些攻防基本情况。对大家仅仅是一个启发，绝不是局限于这些方法的机械运用。通过实践，大家都深深体会到了站桩和试力的重要性，没有高度的精神集中和过硬的基本功，单凭技巧是发挥不了应有的效能的。技巧只有在纯笃功夫的基础上，才能得到创造性的发挥。

双手在下时的控制方法。有人说，推手时双手在上占便宜，双手在下则吃亏。其实不是这样，形势是相对的，无所谓占便宜，也无所谓吃亏，只不过搭手形式不同而已。下面就来谈谈双手在下时的几种变换形式。

在试力中，我们介绍了如下的练习方法；两手手心相对，拇指第一节略屈而上提，食指向前指、小指斜向下指地。设想十个指端各有一个弹簧系于前方，双手缓缓斜向后拉，同时两手手掌的外缘（即小指一侧的掌沿）和腕部向左右两侧拧转，待转到手心向下时，再改为前推。前推时要设想指端的弹簧有阻力，慢慢地将弹簧顶回。当前手推到将要超过前脚的位置时，再向回拉。两手相距两三拳，往返练习。这一试力练习，即为双手在下时的攻防基本手法。两手往外的撑拧是为了破怀对方的平衡，使对方指向我中线的力量发生偏斜。翻转手腕是为了增加向前的螺旋力，使对方捉摸不定。这一手法在实际运用中，有所变化，有时双手同时作旋绕撑拧（看着是撑拧，实际上是开合），有时又突出一边，还可以一手向前，一手向后，左右变换，正斜互参。总之，是松紧虚实多方牵制。要直奔对方的中线去夺取胜利；也要开合并用、推拉结合、推中有拉、拉中有推、又去又回在矛盾状态下，去促成和寻找发放的良机。“进头进手须进身，手脚齐到法为真”。双手在下的攻击，仍然离不开整体之动的原则，否则只是舞弄两手，必将一事无成。在推、拉、开、合的转换中，要时刻注意步法和身体的配合。要不断地用头和身体去“凑合”手，而不应该是用手去凑合身体。基于以上的基本练习，会在实践中摸索出多种的变化。正所谓“有一式可变百千式，百千式而归于一式之基也”。

双手在下时的被动反击。当对方的双手压在我们的双手上面，企图控制和发起攻击的时候，我们不应该用拙力去向上托顶，而应顺势向内卷臂，使肘关节吊起，形成肘高手低的下斜面，用尺骨的立面与对手接触，用两个接触点的合力挤住对方的双手，这时就会使对手向下压的企图落空。如果对手仍然不放松进攻的话，那么我们就以接触点为轴，再把下卷的前臂翻上来，用手掌或手背指向对方的胸前肩下部位。在这种形势下，双手可能作出多种变化。如单手翻上、双手同时翻上、双手先后翻上、手心向内翻上、手心向外翻上、一手向内翻，另一手向外翻等等。总之要做到随机随势，得心应手。完成如上的动作时，仍然离不开身体的协调配合和步法的进退。还是那句老话：往往是在进半步与退半步，甚至更小的移动以及左右微转、上下起落中即可破坏对方的平衡，使之倾跌。

从上述动作来看，意拳推手变化是非常灵活的。只要不违反推手的原理、原则，无论怎样动作都是可以的。关键在于无论采取怎样的形式，都要利用手腕和前臂的曲折变化，封闭住对方的进攻路线。同时又要便于自身攻防的转换。所谓“心里有神，手上有鬼”，手上的变化是不能不研究的。

第八单元

（一）训练内容

1. 全面复习。

2. 学习意拳实作（散手）。具体练习冲拳、钻拳、圈锤的应用，意拳沙袋的训练法，传统打法“鬼手断”。

3. 学习要点

（1）技击原则：制人而不制于人；

（2）要注重精神力量的培养；

（3）身体反应练习；

（4）全身之法以为法；

(5) 攻守合一、守中用中；

(6) 夺敌位。

（二）功法说明

散手是双方从精神到肢体的直接对抗，从训练目的来看，是要达到应付实战的真切需要，所以来不得半点虚假和马虎。只要是进入实战的训练状态，就要认真，不能你来我往、虚为招架，好像唱戏一样。1996 年日本意拳协会访华，日本学员请意拳老前辈张中先生题词。张先生欣然写下了一个大字——“真”，送给了他们，足以说明练拳最需要的就是一个“真”字。但是从训练的手段来考虑，又要保证在比较安全的条件下进行训练。于是就严格要求初学者，必须穿戴必要的护具。此外，双方在发力的分寸上，也应有所控制。要讲武德、讲互助友爱、共同提高。特别在水平相差较大的情况下，高水平的一方应有所控制以示谦让，不要挫伤了同伴的训练积极性。实际上控制自己，也是一种成熟的表现，也是一种自信心增强的体现。尤其重要的一点，是在实战的时候，一定要有老师或者经过散手训练的人在一旁指导监督，绝不可贸然从事。往往出现不该发生的伤害事故，都是在水平悬殊或蛮拼乱打、体力不支、精神不集中的情况下发生的。所有这些，不能不加以重视。如果精神状态不佳，或者身体不适，乃至训练场地、器材条件十分恶劣等，均不得进行实战训练。为了贯彻训练的循序渐进原则，在初学散手的时候，可以采用带有一定条件的实战训练。如不许击头、只许用拳，不许用腿等等，限制技术的应用范围。待有了一定基础以后，才可以真正地进行自由搏击。训练水平的高低，往往表现在自我控制的能力上，胜不骄，败不馁，而后才有可能获得骄人的成就。一旦有了真正的拳术力量，就要特别注意击打力量的控制。但是不管怎样，即使是用很小的力量，也要体现出应有的速度、灵敏、协调和临战的精神状态。实战中，还要了解人体哪些部位是薄弱环节，一旦被击中或击重会有什么样的结果？以便根据不同的情况，采取不同的打击方式。人体的下颌、鼻梁、太阳穴、后脑、颈部、腹部、肋间、下体等一旦遭到重击，会造成不同程度的伤害，所以应持谨慎的态度。从事技击训练的人，应该同时研究人体解剖、人体生理学等有关方面的知识，以及简单的医务常识。这对提高散打的技术和保证正常的训练，有莫大的帮助。在实战中，自始至终要保持自己的间架。经验证明只要间架不散，尽管挨上几拳也无关紧要。同时保持间架的进攻，也会有得心应手的预期效果。意拳之所以坚持以站桩为基础，这就是其中一个很重要的原因。进一步的锻炼，则可以不用死死地抱住间架。在不违背原则、原理的前提下，双手可以尽可能放松自由一些。但无论如何，在进退反侧中，总要有一种很强的意识，指向对方的中线。与此同时，避免一切多余的动作，因为多余的动作，不但没有任何用处，白白消耗体力和精力，而且特别容易被对方所利用。这一点在进入实战训练的初期，就应该加以注意，一旦形成错误的动力定型，往往会顽强地再现，从而潜伏下失败的阴影。在训练中，要注意时刻调整自己的步法和间架，处在不停顿的运动状态，特别强调头部位置的重要性，至于对待不同对手的不同策略与战术，如高与矮、轻与重、稳与猛、快与慢等，则需要通过训练实践，不断总结摸索，方易有得。纸上谈兵是绝对不行的。

第三章　意拳回忆及随笔

芗老诞辰 125 周年文集序

奉师姑王玉芳先生之命，为纪念芗老诞辰 125 周年文集作序，诚惶诚恐，刮肚搜肠，努力而成斯文。

吾家祖居津门，寻常巷陌，我家的对门住着王氏三杰曰竹、曰松、曰梅。岁寒三友与某同里、同学、同道。我们都是天津游泳运动学校的同学，大哥王竹是我中学的同学，朝夕相处，志同道合就拜了把兄弟义结金兰。竹兄看我整天打熬筋骨练这练那，又是摔跤，又是捣皮拳（拳击），就说：你为嘛不练武术呢？我说练武术不管事儿。竹兄说他姥爷是了不起的大成拳师，可厉害啦。从那时起，竹兄就经常给我讲些他姥爷的武林佚事。于是芗老大成拳就在我的脑海里深深扎下了根。过了一阵正好芗老来天津，我第一次见到芗老，怎么也看不出他老人家是个著名的武术家。挺瘦挺弱的一个小老头想不出会有多么厉害。后来通过几件事情我才知道他老人家在武术界的崇高地位。有一天我们体校的校长穆成宽先生来拜访芗老，穆先生穿得挺滑稽，长衫礼帽，手拄文明棍，一见到芗老就是一个 90°的大鞠躬，口称：晚生穆成宽拜见王老英雄。穆先生连坐都没坐，就练了一套少林十三式，请芗老指点。芗老用浓重的乡音咕哝了一句：混小子。穆先生没听清，三姑在一旁赶忙打圆场，说老人家说您练得有功夫。还有一次天津跤坛四大张的头一位——张奎元（大老九）来拜访芗老也是毕恭毕敬，更甭说其他的界内名流见到芗老是如何卑恭了。见到这些情景我才认识到芗老的确是个了不起的人物。因为穆先生和张九爷在天津都是响当当的武林名宿，他们见到芗老竟如此谦恭，可见芗老在武术界有多么高的威望。还有一次我们几个孩子陪着姥爷去遛小花园，在那里练拳的人有的人认出了芗老，大老远地就跑过来打招呼，可老人家连头都不点一下，我们感到非常尴尬。想起还有一次，芗老在河北省卫生厅厅长段慧轩的陪同下，到中山公园水榭看我们练功，来的时候前呼后拥一大群人，姚先生 90°大鞠躬迎来送往，也没有看见芗老有任何表情，将近一个小时一句话没说，就在众人的簇拥下离开了公园。那阵势真像是首长视察部队，八面威风。芗老对外界的交往似乎有些不近人情，但对家里的孩子们却十分慈祥。听竹兄讲他们小时候在北京和姥爷住在一起，姥爷对几个孙儿疼爱有加，甚至多少有些溺爱，也就是经常宠着他们要星星不给月亮，从来也没有大声呵斥过他们。老人家不太爱说话，说得最多的就是拳。直到现在我仍然对他的深县口音的“劝”（拳）记忆犹新。有一次我缠着老人家教我站桩，老人家磨不过我，就叫我站大步托天桩，还一个劲儿地叫我把步子降低，把手拧到头。幸亏我在体校有少林十三式马步站桩的底子才勉强站了 5 分钟，累得我够呛。芗老说吃不了这个苦，就练不了拳。现在想起来，这是老人家在累傻小子呢，同时也可以说是对我练意拳的启蒙教育。王氏三杰老大竹兄不练拳，二弟王松、三弟王梅都还可以，最像姥爷的是小梅，一动一静颇有芗老风范。那时候我经常在王家玩耍，有一次看见芗老洗澡，发现他老人家的小肚子上有一个小馒头似的鼓包，当时不知道是怎么回事。直到后来恩师去世那天，我给他擦洗身体的时候才发现我老师小肚子上也有那么一个鼓包，我想这是不是师爷所说的“小腹应长圆”呢？反正我师父和我师爷的情况都一样。听我老师说芗老的生活习惯很独特，吃肥肉、喝酽茶。这使我想起来有一次在天津，吃饭的时候，他就因为肉不够肥而向三姑发脾气的一幕。芗老的口味非常重，他吃的饺子，我老师用水涮过再吃还会齁（hōu）得慌。我在王府看到过一把日本指挥刀，是泽井健一送给芗老的。长长的刀把上，掐金丝、镶宝石。后来听我恩师讲，这把刀可以算得上是日本的国宝。可是这把刀王氏三杰经常用来劈柴，刀口上满是锯齿儿，真是糟践了。后来“文革”的时候三姑就把它上交了。我在竹兄府上，看到过一些印章，什么田黄啦、什么鸡血石啦，反正都是一些有名堂的好东西。听我老师讲芗老对古玩字画有很高的鉴赏力，就是齐白石、李苦禅等有名的书画家，有的时候也要对文物字画的真伪听取芗老的意见。在王府的写字台上有不少芗老的手稿和墨迹，可惜我当时没有当回事，致使许多宝贵的资料没有保存下来。我只有幸向竹兄讨到了一本芗老的《习拳一得》，目前来说我手里这本小册子就是存世的孤本了。我在博客上发表的《意拳集萃》就是我从芗老桌案上手抄来的秘笈。当竹兄全家移居澳大利亚的时候，送给我一把芗老用过的折扇留为纪念。扇面上有袁克文（袁世凯的二儿子）的题款。这是我最宝贵的一件收藏。我老是想通过经常抚摸师爷的遗泽，遥想师爷的盖世英姿，获得一些习拳的灵感和仙气。我曾经从现代体育的角度，问我的恩师，师爷的身体素质如何？姚先生说：你师爷的灵敏和反应确有超人之处。有关芗老的墨迹，包括书法和丹青，我请教过有关专家，据权威人士讲，芗老的笔墨丹青都有很深的造诣，很难想象是出自一个武术家之手。按姚宗勋先生的话说：你们师爷不管是干哪一行，也是顶尖儿的人物，像他那样聪明的人不多见。在我的心目中，芗老就是个圣人，他老人家一生的事业与成就，在我国拳术发展的历史上，将作为一位具有远见卓识的革新家与实践家，永远祭存于拳术爱好者的记忆和记录于中华拳学的发展史中。

姚宗勋拳学思想初探

2007 年是姚宗勋先生诞辰 90 周年。姚宗勋先生是北京意拳研究会创始人，王芗斋拳学思想的忠实继承人和捍卫者。芗老曾在诗中有“老夫授受有宗勋，当知吾道不全沦”，“赐名姚生字继芗，意在拳学种未亡”字句，确定姚先生为衣钵传人。第二代意拳传人王玉祥老人著文指出“宗勋为吾朋辈之祭酒”，公认姚先生为第二代意拳传人的擎旗领军人物。姚先生仙逝以后，广大意拳爱好者盛赞他老人家为承上启下之“意拳亚圣”。姚先生以他非凡的功底和过人的才智，用他的全部生命诠释了意拳发展创新的必由之路。意拳作为一个新生的事物，具有无限的生命力和广阔无垠的发展空间。意拳是现实的拿来主义，任何中外拳法都可尽取精华为我所用，从不固步自封受传统所束缚。众所周知，姚先生对意拳具有划时代意义的贡献，就在于他将传统的武术文化与现代体育理论相结合的终生求索而获得的丰硕成果。社会上包括意拳内部有一种偏见，说姚宗勋的意拳是站桩加洋揣子（拳击），对戴拳套、穿护具、打沙袋等做法不屑一顾。实际上姚先生是在当年芗老战胜英国人英格之后，奉师命研究西洋拳法的。从那时起姚先生对拳击运动训练的手段、方法、技术内容进行了广泛深入的探讨，其中特别对步法以及训练手段的实用性进行充实和借鉴，拿来为意拳的实战训练所用。在意拳实战中采用了戴拳套和护具的方法，保证了实战训练实施的经常性与安全性。那种戴拳套就不是意拳的说法是没有任何道理的。如果按照老拳谱的说法，“三不打”的最后一打是“打不死不打”，那谁还敢练习实战？至于老虎戴上拳套就不是老虎的说法，就更加可笑。戴上拳套的老虎仍然是老虎。当年姚先生在与人切磋技艺的时候，对方可以不戴拳套，而自己则戴拳套，目的就是减少对对方的伤害程度，就是这样姚先生才赢得了所有与其交手的对手畏威怀德的赞誉。至于打沙袋的练习，姚先生也是作为一种检验训练水平的手段而已，并没有把它当作提高的手段。姚先生对拳击运动的了解可以说是了如指掌，从乔路易到王守忻，什么风格、什么特长、哪些弱点均能一一道来如数家珍。初学意拳的年轻人，姚先生推荐的一本必读的书籍是前苏联出版的体育传记《少年初登拳击台》，目的是要理解优秀拳手所必经的自修及培养心理素质的途径，而不仅仅是他的训练方法与技术。综上所述，姚先生并没有把意拳变成拳击，而是在意拳训练中引进了拳击运动的合理内核。对此问题的误解不足为先生累也。

20 世纪 80 年代初，姚先生在先农坛北京市体委科研所成立了意拳研究小组，进行传统武术与现代体育相结合的课题研究。他曾先后被国家足球队、北京射击队、北京举重队等单位邀请去讲课。姚先生以他渊博的体育知识和科学的训练理论，从各种运动的发力、对抗、心理训练等方面进行了精辟的论述，获得了大家的一致好评。

在意拳的现代教学中，姚先生创造性地进行了合理的改造，师古不泥古，为意拳的普及提高和更好发展作出了极大贡献。芗老在授拳的时候要求很严，不管动作要领多难也要求学生一下子就掌握，所以曲高和寡令人望洋兴叹。很多人说芗老的书是天书，根本看不懂。比如“力量一有方向便是错误”“手一动便是错误”，诸如此类的言辞在芗老的著述中不乏其例。姚先生运用现代教学方法，综合分解、循序渐进、因材施教，把原有的传统训练变得简化易懂，更便于操作，这是姚先生对意拳教学功德无量的巨大贡献。比如站桩摸索浑圆力即六面力，芗老要求六面力一下子都要有，否则就是局部。姚先生把这种训练分为先摸上下，再摸左右，再摸前后，一点一点凑起来，然后逐渐打乱顺序全有全没有，达到综合分解，有异曲同工之妙。再如芗老要求“周身无点不弹簧”，姚先生解译为“把整个身体当作一个大弹簧”，这样一来初学者确实就便于理解，好练多了。芗老在讲意拳发力时是没有方向的“爆炸力”，姚先生在教授发力的时候采取分解法，设计了正发力、下发力、侧发力等，到最后才把这些发力方法统一在站桩、试力之中，这样无疑就便于学者由浅入深，逐渐掌握整体的发力。芗老的著述中有“骨缩筋伸”的说法，一般初学意拳的人很难理解，骨怎么缩？姚先生用现代体育理论解说就是：筋肉要伸张，关节处要收敛。老拳谱说“不招不架只是一下”，姚先生说：他打他的，你打你的。综上所述，姚师运用现代体育用语，来重新叙述传统武术的博大精深，是对中华武术的巨大贡献。

姚先生在先农坛体育科研所期间，曾经问一位举重运动员每天练多少时间。运动员说一天最多练三个单元六七个小时，快累死了。姚先生说这还不够，你应该连做梦都在练习才能出成绩，“行站坐卧不离这个”，其实这就是所谓“拳拳服膺”，古今中外不管练什么都是这么个理儿。

意拳训练特别在心理素质的培养方面自有其独到之处。姚师经常以讲故事的方法向学者潜移默化灌输心理训练的内容和精神力量的培养。他经常讲的一个典型故事是：早年间日本有一个练习剑术的武士，自打出师以后遍访名师切磋剑道，每战必败，最后丧失信心羞愧难当，百无聊赖欲求一死。他想到既然练一辈子剑也没尝过甜头，临死找一个高手，死在他的剑下，也算不白来一世，还能在死前看一看高手怎样出剑。抱着这个主意他找到了当时在日本最有名气的剑道大师提出比武。比武那天惊动了全国各地的剑道高手前来观战。比武开始双方持剑对峙，间不容发，相持片刻剑道高手掷剑认负全场哗然，那位武士更是不明就里，如坠五里雾中。剑道大师听完来者的叙述以后，才知道对方是来送死的。大师讲我之所以认输是因为你“全神贯注，无懈可击”。这个故事言简意赅发人深省，所有经过姚师教导的学生对于这个故事都耳熟能详记忆犹新。任何对抗竞赛能保持住平常心态哪有不胜之理？姚先生身边有大量的中外各种搏击书刊资料，特别是有许多现代体育理论、生理解剖、运动医学、运动心理学等书籍，这在我国老一辈的武术家中实属凤毛麟角不可多得。难怪武术协会领导在访问姚先生时，姚先生能口若悬河，把传统武术与现代体育的关系阐述得淋漓尽致。在体委科研所进行的集训期间，姚先生更像一个运动队的指导者、教练员，而不仅仅是一个传统的武术教师。他在意拳训练中，增加了跑步、跳绳、单操手等体能训练手段，这是姚先生借鉴了现代体育运动的先进训练方法用于传统武术训练的一例。

中华传统武术经过千年的积淀，腾蛟起凤，在全世界范围掀起了东方文化的狂飙。随着更加开放时代的到来，中西文化的汇合交融至为迅猛。一方面是中华传统武术跨出国门走向世界，越来越为国际友人所钟爱；另一方面，拳击、柔道、跆拳道等舶来品也大举登陆中国，他们既带来新鲜的理念，也是对我国传统武术不小的挑战与冲击。现在是与时俱进的时代，“沉舟侧畔千帆过，病树前头万木春”，落后是迟早要被淘汰的。姚先生在学术研究上一贯禀承意拳的科学性与实践性，从不做随波逐流的违心之事。20 世纪 80 年代国内一家权威的气功组织邀请姚先生当名誉顾问，每月能给姚先生 90 元补贴，姚先生毫不迟疑地谢绝了邀请。

姚先生既是芗老的忠实传人，又是继续创新的拳学大师。有人问姚先生意拳在芗翁之后谁练得最好。一般的人一定会回答：我练得最好。而姚先生的回答最有水准，他说：都是跟老师学的，可谁也没学全，就像瞎子摸象的典故一样，每个人都只摸到了大象的某一个部分，所以大家的感觉不一样，得到的东西和研究的角度与方向也不一样。姚先生对拳学发展阶段的评价是非常中肯的，他在对后人的教导上也是这么做的。他对学生们讲：你们谁也没有掌握意拳的全部，希望你们共同努力把所学所会的东西慢慢凑在一起就对了。姚先生对后人的嘱托可谓用心良苦。公正地讲，哪一位拳学名师以及他的传人都不是意拳的全部，所谓春兰秋菊各为一时之秀。在不违背科学的拳学原则、原理的基础上，每位拳师都尽可能地发扬光大，发展才是最好的继承。姚宗勋先生为我们树立了光辉的榜样。

我们纪念姚宗勋先生，就要学习他对中华拳学锲而不舍的求索，学习他对拳学的科学性与实践性的忠实恪守，学习他刚正不阿的崇高品德，学习他教学严谨、诲人不倦的师范楷模，学习他待人接物诚恳热情、坚持真理、爱憎分明的真挚与透明。壮哉！吾师。伟哉！姚公。

卜恩富先生百年祭感言

2011年3月26日，是卜恩富先生百年祭。卜老一生桃李满天下，这一天在津门郊区永安公墓举行了非常隆重的纪念活动。与会者有来自全国各地的卜先生的徒子、徒孙以及忠诚的崇拜者数百人。参加活动的有京、津、辽、香港等地的跤坛名宿王恩信、王文勇、李宝如、苏肖发、赵英杰、田长录、刘永福等。毛新建同志代表北京市武术运动协会到会祭奠。姚承光等人代表北京意拳研究会参加纪念活动。李敏生同志代表亚武联副主席霍震寰先生献匾祭奠。参加纪念活动的还有与卜老在跤坛有师承渊源的京津相声界的李伯祥、杜国芝、李金斗、李建华、李嘉存等社会名流。

百年祭由著名相声表演艺术家孟繁贵主持。首先进行了卜恩富先生的骨灰安葬仪式，按照武林的传统，卜先生的弟子和再传弟子以及诸亲属进行了虔诚的跪拜礼。再由卜恩富先生的生前好友、各界贵宾及诸多师侄、师孙辈鞠躬致礼。百年祭在肃穆庄严的气氛中圆满落成。卜恩富先生是我的师伯，他老人家是我师爷王芗斋的得意门生。我的师父姚宗勋先生提起或见到卜师伯总是“二哥”、“二哥”的非常敬重。他们老哥俩，是师兄弟之间最过得着的刎颈之交。在我的师叔、师伯里面，卜师伯是我最崇拜、最敬重的一位。卜师伯也对我诲教有加。他经常给我开小灶，在意拳、摔跤、拳击等方面指点迷津，使我受益匪浅，终生难忘。我和卜师伯的缘分是多方面的：我是从天津游泳运动学校开始走上体育之路的。按津门体育界的说法是穆家门的门生，穆成宽先生是我的水上恩师，穆先生和卜师伯是拜把兄弟，穆先生在我们冬季陆上训练的时候也经常教我们摔跤，他老人家在津门跤界也有名号，以左腿钩子著称。卜师伯又和姚先生最好，我和师伯又都是天津人，所以我对卜先生的感情异于常人。卜先生在北京先农坛辅导我们练拳的时候，嘱咐我和苏肖发等摔跤界的师兄弟多多亲近。遵照老人家的意愿，我和摔跤界的师兄弟都有很好的来往，也可以说是武林世交吧。所以在祭奠卜老的时候，我在灵前磕了三个响头，表达了我对师伯的无尽怀念。通过卜老的百年祭，我非常高兴地结识了京津跤界的诸多新朋老友，对卜师伯的光辉业绩、高尚品德又有了更加深刻的了解。卜师伯是我永远学习的楷模。

喜读李仲轩

近年来《武魂》杂志连续刊载了李仲轩先生关于形意拳的很多精彩论述，在武术界引发了一场求索拳学真义的热潮。作为一个武术爱好者和《武魂》杂志的忠实读者，首先感谢《武魂》杂志在宣传弘扬中华传统武术的工作中所作出的杰出贡献。再者，在这里向刚刚仙逝的李仲轩老人，致以崇高的敬意。众所周知，意拳（大成拳）是王芗斋先生在形意拳的基础上汲取中外拳种的精华而独创的年轻拳学。所以每一个练习意拳（大成拳）的人，都会对形意拳有特殊的关注。仅以本人在武术界的交往，北京形意拳邸国勇老师、唐振荣老师，河南心意拳李洳波老师以及与意拳（大成拳）的发展有渊源的少林寺德阳和尚、武当山游玄德道长都是我很好的朋友。

从仲轩老人的论述中，我们不难看出意拳（大成拳）与形意拳的历史渊源。文中提到的三位武林长者，尚云祥、薛颠、唐维禄都是武术界共同敬仰的形意拳大师。李老用通俗的语言和朴实的修辞，仿佛使他们活生生地站在了我们面前。言语间充分体现了对大师们的武德修养及拳术造诣的极大崇敬。更为可贵的是李老在谈到有关形意拳的许多技术细节时毫无保留，“内行看门道、外行看热闹”，无疑李老是有着非常丰富实战经验的拳师，如果不是这样，纸上谈兵是谈不出如此深刻的拳学精萃的。

仲轩老人在谈话中一次提到“千金不易”、一次提到“七字万金”。提到“千金不易”的时候是在论述出拳时要“轻出重收”，这一点如果不是亲身体验是很难理解的。这和芗老所经常提到的“缩即发”的道理是相通的。形意拳和意拳都讲究“手不空出，意不空回”，即“起手如钢锉，回手似钩杆”特别注重手在回来的路上要“带点东西回来”。李老在往后的论述中还谈到了“要练1厘米拳”的说法，也是讲练拳要有来回劲儿，要在1厘米这么点儿的距离打出来回劲儿，没有真才实学行吗？唐维禄先生说在站桩的时候要学熊把浑身“抖擞”一下，尚云祥先生说要学熊“蹭痒痒”，芗老把这个叫“一咕涌”，意即要把来去这两股劲儿在极短的距离内一下子连续完成，这就是意拳所谓的要“一”不要“二”的原义。从这里不难看出意拳与形意拳的相通之处异曲同工。

仲轩老人在提到“七字万金”的时候，这七个字是“慢慢以神意运动”，是说薛颠在论述站桩的时候，强调“桩法是活动的，不是静功是慢练”，是“慢慢以神意运动”。这和王老关于站桩的论述完全一致。意拳站桩就是摸劲儿的极好手段，是通过意念活动在慢慢地支配身体做运动，站桩真要一动不动那才是傻子呢。李仲轩老人在谈到尚云祥关于“要练功，不要练拳”“在脑子里练拳”“练拳不是练拳头而是练全身敏感”等精彩论述的时候，让我们每一个练拳的人，都要认真地思考一下这些宝贵拳学理念的真正价值和它的重要意义。仲轩老人一不故弄玄虚，二不藏宝匿诀，在近似聊天说故事的情况下向我们阐露了许多形意拳的真谛。这真是非常可喜的事情。

更深一步的论述还有“一去不回头的拳打不着人”“真正厉害的是打拳不打出来的东西”“直来直去的拳打转了，把转着的拳打直了”等等。这里面我个人的体会就有了意拳“形曲力直”“周身无点不弹簧”“出入螺旋”等拳学原理。通过仲轩老人的文章，我们知道形意拳大量的练法其用功理念都是和意拳相通的。老派的形意拳不提站桩，只说是“校二十四法”。所谓“校二十四法”就是要把二十四种技术要领练到身上。要求通过一站使身上二十四法皆备。所谓“校”我个人理解就是“凑”的意思，一下子做不到，就只能慢慢来，慢慢“校”，慢慢“凑”。形意拳每一个动作都可以站桩，要把桩法融入拳法，当动作不规范的时候就要重新站着不动来校二十四法。在李老看来，薛颠的拳法非常标准就是得益于站桩。在李老先生关于薛颠象形术的叙述中，更能看出意拳是由形意拳发展而来的明显痕迹。薛颠象形术五法“飞云摇晃旋”在意拳训练科目中都能找到相应的内容，只不过叫法不同而已，或者训练的目的有所不同。摇旋二法在意拳训练中是不可须臾替代的重要功法。至于“猴形”“马形”“蛇形”“鸡形”等法，在意拳训练中则以试力或者单操手的形式来培养实施。举一个有趣的例子，形意拳的“猴形”中有一个“猴扇风”，就是两只手在两个耳朵边忽扇，当年我的老师姚宗勋先生在带女学生练推手的时候，特别注意动作，经常姚先生在示范“放人”的时候，两只手朝内向着自己耳旁往后一扇，就能将女学员弹出，外人根本看不出是怎么把人“推”出去的。当年我不知道这是怎么回事，看过仲轩老人的文章，就想这是不是就是“猴扇风”呢？

总的说来，读过李仲轩老人的文章，对我个人来说受益匪浅。我认为李老的文章，是近几年来在武术杂志上刊登的精品。意拳（大成拳）是拿来主义，无论古今中外有好的东西都要学习消化演变成自己的东西。只有这样意拳（大成拳）才能保持不断进步和生命力。再次感谢《武魂》杂志给我们提供了这么好的文章。再次向已经离我们远去的李仲轩老先生致敬。

中华传统武术与现代体育之结合

中华传统武术经过千年的积淀，腾蛟起凤，在全世界范围掀起了东方文化的狂飙。随着更加开放时代的到来，中西文化的汇合交融至为迅猛。一方面是中华传统武术跨出国门走向世界，越来越为国际友人所钟爱；另一方面，拳击、柔道、跆拳道、瑜伽等舶来品也大举登陆中国，它们既带来新鲜的理念，也是对我国传统武术不小的冲击与挑战。现在是与时俱进的年代，“沉舟侧畔千帆过”，落后是要被淘汰的。中华传统武术为了更好的生存与发展，就要不断地扬长避短、吐故纳新，更加深入地进行挖掘整理，把更多的中华传统武术文化遗产展现给全世界。出于这个宏伟的目标，在我们每一个武术爱好者面前，就不可避免地遇到了这样一个问题：即使中华传统武术与现代体育相结合。

我们既要殚精竭虑努力弘扬中华传统武术，又要采取拿来主义将一切先进的优良思想与技术汲取到我们这里，为我所用，而不应该抱残守缺、固步自封。

首先我们要重申传统武术训练的科学性，要以最新的现代体育理论和科学知识来解释武术，而不能陶醉于毫无价值的云山雾罩和海市蜃楼。我们的武术前辈给我们留下了无比丰硕的遗产宝库，需要我们去寻觅那把能打开这扇门的金钥匙。由于年代久远，时代不同，武术古籍中的叙述经常与现在人们的说法不一样。比如老拳谱所说的“筋伸骨缩”，这里的筋不仅是指韧带，还包括有肌肉的意思。所谓骨缩，骨怎么缩？缩骨是指关节的变化。如果用现代体育理论来解释就很容易搞明白了。所有的人体运动都是在神经系统的支配下，肌肉收缩作用于骨骼的结果。也就是说以肌肉收缩为动力、关节为枢纽、骨骼为杠杆实现各种人体运动。其实传统武术和京剧所面临的亟待重新振兴的道理是一样的。特别是要把年轻人拉回到练功场上来。中华传统武术的术语乃至拳谱歌诀是武术文化的高度浓缩，需要我们做大量的解密工作。也就是要用现代语言，来重新叙述传统武术的博大精深。

中华传统武术和现代体育相结合是双向选择，不是一边倒。在中华武术吸收外来营养的同时，现代体育运动也从传统武术中借鉴到许多有益的东西。比如现代体育运动的时尚，是注重心理训练的研究。20 世纪 80 年代，美国专家来华讲课，谈到美国游泳运动员训练的时候，教练员要求他们从精神上把自己放大成巨人，这样一来运动员动作很舒展，信心也十足，训练效果非常好。据专家讲，他就是受东方文化的影响，学会这种训练方法的。说起来，这种心理训练的方法，不正是我们武术的传统吗？

20 世纪 80 年代初，北京市体委体育科学研究所成立了“意拳研究小组”，进行传统武术和现代体育运动相结合的课题研究。姚宗勋先生以他渊博的武术和体育知识阐述了科学训练的理论，从各种运动的发力、对抗、心理素质的培养等方面进行了精辟的论述，获得了一致的好评。现代体育竞赛中，运动员的心理素质往往是竞赛成败的关键。经常听到的什么紧张啦、不在状态啦、想怎么着又怎么着啦，最终的结果就是泪洒、饮恨什么的。如果多少有点传统武术的精神，恐怕不至于如此吧？传统武术中，精神力量的培养是非常重要的一个方面。有许多这方面的论述，如“交勇者不可思悟，思悟者寸步难行”“畏敌者必侮”“不胜必有怀疑心”“狮抟象须用全力，狮抟兔也应用全力”等等。这些不都是克服临阵胆怯的良方吗？

前面提到过武术家对举重运动员的帮助，反过来传统武术也从人家那里学到或者说借鉴了举重时的发力。比如传统武术中比较神秘的“鼓荡”“消息全凭后足蹬”，即髋关节、膝关节的退让性工作乃至制动产生的弹簧力，就是借鉴了举重挺举技术的发力要素。意拳创始人王芗斋先生在论述试力练习时，要求设想在“空气中游泳”就是借鉴游泳时对水的阻力的感觉，达到周身协调一致的训练效果。

中华传统武术与现代体育的结合，深为中外有识之士所瞩目。在我国重新开展拳击运动的时候，我国拳击运动的泰斗张立德先生就主张将中华武术的传统训练手段，运用到拳击运动中去。在规则允许的范围里，中国拳的打法无疑会比西洋拳技术全面得多。首先中国拳是两面攻防，此外诸如退步发拳等优秀拳法在拳击运动史上均闻所未闻。世界拳击理事会主席乔杜里先生多次在各种拳击运动会议上，提出发挥中国传统武术优势、丰富拳击运动技术的倡议。可见中外有识之士对中华传统武术的潜能独具慧眼。有朝一日中国的拳击运动一定会以辉煌的面目，屹立于世界拳坛。

按照我国的文化传统，任何一门艺术或学术当然也包括武术，都遵循着师承关系延续事业的发展。那些有远见卓识的大师，纷纷提出非常明智的主张。国画大师白石老人说“学我者生、似我者死”，京剧大师袁世海主张学生们要把他捏碎了变成自己而不是相反，武学大师们则主张“师古不泥古”。中华传统武术必须有这种与时俱进、不断创新的先进指导思想，才能蓬勃发展、发扬光大。意拳老的拳谱上有如下的几段话：“手一动便是错误”“力一有方向便是错误”“大动不如小动……”之类，如果按照这些要求，那谁会练?姚宗勋先生在吸收了现代体育运动的训练理论后，大胆地进行了对传统练功方法的改造。在练习发力的时候，把原先要求一下子都要有的浑元力，也就是六面力，分解、拆开，于是有了上发力、下发力、侧发力的教法。最后再经过合成，当然就容易得多、现实得多。以上这个例子，说明吸收现代体育理论对振兴中华武术的非凡意义。可以这么说，现代体育的许多学科，如运动解剖学、运动生理学、运动心理学等等，都对传统武术的提高与发展有所借鉴。

总的说来中华传统武术与现代体育相结合，是一个非常大的科研课题，需要大家一齐努力，共同探讨，付诸实践。我们的目的是一致的，就是为更好地弘扬中华传统武术身体力行。以上粗浅的论述不成系统，抛砖引玉敬请武林同好批评指教。谢谢!

薄家骢自撰师训

中华武学　源远流长　百花争艳　意拳芬芳
芗祖创业　姚公弘扬　我辈弟子　崇尚贤良
火尽薪传　重任肩扛　入我门者　品德优良
遵纪守法　诚信阳光　尊师敬长　恭俭温良
义薄云天　效仿关张　忠诚守业　武德至上
闻鸡起舞　入室升堂　武极而文　不事张狂
师古不泥　当仁不让　和谐团队　义甲一方

第四章 姚宗勋先生佚文集

一、《麟角集》

恩师驾鹤西行，嘱我整理他的遗文、遗物。《麟角集》就是在若干纸堆、书信、杂文中挖掘出来的，姚师尚未完成的文章腹稿。依我之愚见，这些文字虽未成文，但它们的价值，远远超过长篇大论的拳学论述。所谓“真传一张纸，假传万卷书”。《麟角集》向我们直截了当地指出了拳学路标。句句千金，段段精奥。稍有文化和拳学底蕴的人不难看出，姚先生给我们讲的拳学要义是多么实惠。《麟角集》认真读下来你就会发现，虽然它不是整文，但稍加用心，就会取得阅读整书的效果。你会觉得，《麟角集》是一部从意拳概述，包括抻绳操作、与西洋拳击的区别到意拳站桩、试力一直到推手、实作都包含在内的完整阐述。特别是对争力、单双重、实战步法、战术要领、松紧转换、反应练习等重要论述，都十分清晰地展现在我们的脑海中。说句实在话，有志于拳学研习的人，真正把《麟角集》吃透，大可不必再费心去看洋洋几十万字的大部头拳学论述了。万语千言，一言以蔽之，《麟角集》是姚宗勋先生留给我们的极其宝贵的拳学遗文，是他老人家一辈子的“习拳一得”。

后生薄家骢合十谨识

意拳（大成拳）宗旨有三：第一，不尚招法。第二，无套路练法。第三，重整劲（强调整体力，求整体均整之力，反对局部锻炼）。

以上三点系王老提出，亦意拳区别于其他拳术之基本特点。

吾拳与拳击比较，则拳击受规则约束，攻击和受击部位均有规定。攻击方法受限制、防守方法受限制于局部。接触而发力者仅拳背之正面而已。意拳要求与对方接触之点均能发力，或击或发，其应用范围之宽，固西洋拳难以比拟者。

由于意拳逼近纠缠时之发力练法如推手之法，可克服西洋拳在纠缠时束手无措之弱点。由于意拳采用站桩训练，在外形不动中求力，发力时准备动作幅度、时间缩为较小较短，因此使对方不易察觉，因之防御、还击极难。兵法云："在一击之下，忌持久而重速决"。

整体力之发出，不是一般庸人所理解为全体僵硬如一块铁，猛向前冲，表面观之似乎很整，实则陷于僵板或局部。所谓整体，即整体各部同时爆发耳。发力要"一触即发，一发即止"，要注意劲断意不断，意断神犹连。

极不平凡之成就，皆由极平凡而来，万事皆须大处着眼，小处着手，若从大处着手则是好高骛远，欲速则不达。

连续发力和单发力一定要循环往复，先自连发始。

攻与守是打的辩证关系要处理好，因为它是拳学的基本矛盾。先怕打中，很多错误产生于畏敌击中。应攻即是守，守即是攻，看透这一点就好办了。也就是攻中有守，守中有攻，所谓攻守合一。

断手时要迎手而去。注意连发时，头和身体必须有足够的转动，才能避开对方的重手。

试力时要想象假设每一个轨迹点都可能发力。因此每一点都必须力全，否则发力位置会受极大限制。

松肩之重要性有三：第一，肩紧则手臂不灵，不利于控制对方。第二，肩紧则己身僵滞，动作迟钝，无力发出身手之力，易被对方控制与击中。第三，呼吸紧张。

练习松肩法：随时注意松，腋下如能容球。假设球质极轻又极脆，稍一用力则碎，不用力则堕下。既不可使碎，又不可使堕。多做旋转试力或类似动作。

腿部训练（力量与灵活）十分重要，应不断加强。

推手时步法是既跟又不跟。你用你的我用我的。形势（即彼我所站之位置，接触之形式，力之分布，精神与身体之松紧）有利于我就用，不利于我就走，主动地走，主动地跟。

推手须知：

1. 通体关节钝角形。
2. 两肘半撑、半垂紧护两肋。
3. 手腕要灵活，两手似蛇首。
4. 腿部须裹胯，用后重法。
5. 不要局部动作。
6. 力有十分须用五分，否则易被人控。
7. 两手用力要齐挤如抱球状，不可这手有力，那手无力。
8. 如左手失败时，则须快进右手。
9. 进手时用螺旋力。
10. 彼螺旋我亦螺旋而进之。
11. 顺梢节去打根节。
12. 圈越小越好。
13. 敌手来时不要管他，只要顺他手前进。
14. 得机得势时须用垫步以进之。

15. 手不到根节时，不可用践拳。

16. 彼钻我裹，彼裹我钻。

17. 以手指对人眼光。

18. 手不能指时，用腕与肩胯指之。

19. 两手都不能指中时，用身去指中。

20. 对方人紧指时须用头变中。

21. 不得已而退时，须以手掩护敌人手而退之。

22. 遇刚则柔，而刚紧在其后。

23. 粘连黏随，追风赶月。

24. 引进落空，顺其力以致。

25. 见空不进见横进。

实践时，两人之距离与位置最为重要，进退旋转要保持轻灵。与对手之位置，不可过远、过近。退时，使对方一步刚刚够不着（或够着也无力量）；进时，要抢到一步即可击中对手之距离。其理至简，然用时则变化多矣。

争力：意拳中所谓的争力，就是用意念引导全身上下、前后、左右互相牵引共争一中心，所产生的弹簧般的、相互呼应的意中力。具有这种争力后，再经过试力、发力等步骤练习才能达到发挥整体力的目的。

练习争力先由简单的争力入手，而后及于全身，以求整体的争力，无论是简单的争力还是整体的争力，都要在浑元桩中去摸索。

保持肩架挨不了重拳。即使挨了两拳也要保持肩架。要敢于把对方放进来，不放进来就打不漂亮。功夫不够步子凑。后步不动前步搬回，再回去就能放人。

守拙。以小自然求大自然。全神贯注，无懈可击。

二、《麟角集》续

用极浅近而简单的话来说，就是一举一动甚至极小的、极微的都要有意义，有精神，不可无的放矢，亦即先师所说，在于心意之领导精神的指挥。

动作顺乎自然，合于需要，人身内外一体，意动一致。

动作时不论姿势优劣与形式繁简，只看全体大小关节能否上下前后相互为用，以及神经支配之大意和气血之流行与调息所发之弹力如何，总以达到得力舒畅为止。

精神严肃，力量活泼，精神与力量都要不丢不顶，亦丢亦顶，精神要照顾全面，力量在反复站立中求平衡与破坏平衡。

三角力系指发力前后关节均应呈钝形三角形，主要是腕、肘、膝发力时，上臂向前旋转拧裹而出，即所谓螺旋力。

坐式两脚悬空周身不易得力，通过坐式练习求力，身法、步法易平稳和灵活多变为技击桩主要环节不可忽视。

钱砚堂赠芗老夫子之“墙高千仞君能入室且登堂”。

小腹松圆是调整胸腰之松紧。

臂部撑裹拧抱，肘部约曲池穴位处意向外指，肘部外侧向内裹，腕部微拧，拇指一侧向外，小指向内。

站桩时，假想站在齐腰深的水中，设想水中水流轻缓不拘，从何方流来，身体随之微动，进一步多收少放上下一致浑然一体，不做中流砥柱。

试力为缠绵不断发力，一触即发就是断。

讲单双重是为了不暴露中，发力讲角度、方向、火候、劲力尤重要。正面发力，要让对方重心放在己身手臂上，而后突然转方向发力才能将人发出。

击技桩争力练法：风府穴（不是第七颈椎）用意挺颈，全身后靠要有拉紧有弹力的绳子去拉手，而手去拉紧前方绳子的感觉，设想前后两个力量对抵相消而手不为所动就可以了，后手如抱着一个有弹性的球，当身体去拉前手时，用意去抱球以呼应前手。

争力就是全身上下、前后、左右都有力牵引，共争一中，上面所写是求争力之初步，仅有前后相引之力，故名二争力。

松腰、坐胯、木支撑、绳吊系、膝关节亦然。

搭手既不要脱点又要控制对方。

1. 反应基本训练

(1) 求得整体争力后，周身皆如有弹簧相系，则本身亦如一弹簧，然后设想有人轻轻来推或击某处，意念一紧，力即从一中心异向发出。习之有得，设想人迅速猛击，意念一动力即可发出，但不可见形，即所谓一触即发，一发即止。

(2) 设想站在一块漂浮的木筏上，忽而前后倾斜，忽而左右摇荡，上下沉浮，前倾则后移，后倾则前移，左右移动上下压提，用意去做不可见形，注意整体不靠单纯腿，不要有固定顺序，缓慢到加速，此桩调整具体松紧及训练步法灵活的基础功夫。

精神高度集中时，多有身体不自觉的僵板不灵，所以要锻炼在精神高度集中时，身体仍能相对地放松，唯有这样才能动作迅速敏捷，呼吸自然通畅，乃可以持久。

2. 争力主要相争之处

第一，头顶与两脚中心。第二，颈与前手腕。第三，两手左右争，练习扽绳有得后，再设想周身毛发飞涨与外界联系互相牵引，身体不能动转而又处处都微动的意思，这就是拳家所说的“顶上力空灵，身如绳吊系，形松意须紧，毛发势如戟”之意，练习时要用意不用力，实则意念一注自有轻微的力，不要再有意用力，要注意形曲力直、八面出锋共争一中，这一中指的是头顶与两脚中心，这一条线是均整轻灵的关键处。前人所说松紧之枢纽，在于上下，上下即指出此而言，做时一定要意念切实，可是不能执著。

3. 反应练习

不通过大脑就能发力，猝然袭击不及思，故即可自卫。进而力向一方连续发出，劲断意不断，意断神犹连。

发力和试声，同时而做，同时胸窝微收，两肩略向内扣，上体前面略呈凹形，其目的是变平面为凹形，以滑开来击力量的最尖锐点，小腹实圆，即气贯丹田之谓。

试声每日 10 次即可，试声的意义还在于，在发力的瞬间提高防御能力，减轻或抵消反弹之力，发力时为防御之薄弱环节。前人所谓气贯丹田，亦意拳所谓发力时小腹实圆练习，稍久会感周身内部随之微涨。

蓄力就是储备，力量准备发出，基本练法站桩，即精神集中神不外驰，力向内收，全身不可有平面处，大小关节无处不曲，曲处具有力含蓄于内，动作时更要注意上述各点是否有空白处及不足之处，心意照顾周到后全身力量才可统一，气力一致趋于圆整，所谓动静处中，能守能用。

4. 推手

第一阶段，在外力之下，动作不停变化，还要保持力量平衡；第二阶段，既保持自己的平衡，还要破坏对方的平衡；第三阶段，打乱对手平衡状态，而对手正在为稳定自己重心而重新调整步位平衡时，要掌握稍纵即逝之时机，猝然发力。

5. 发力

动作极小，时间极短，突然迅疾刚劲之力，犹如丸药之爆炸耳，意念支配，意之所向，神即随往，筋骨因之运动而发力，顺于自然，达于体外。力未发时，由意念将力回缩争之，即平日所练之争力，欲左先右，欲上先下，依此类推，利用一争之弹力，突然发力，当力之发出，肩、肘、手、膝、胯全身各关节处均起锋棱。起锋棱之意，非指外形之屈伸，全身关节骨缩筋伸处处有力出锋，从一中心异向发出，相等相应，互为应合，一触即发，一发即止。

(1) 正发力

①虚握拳须用三分力。②力发至前足尖。③除拇指外皆向前上方指去。④设想上臂为弹簧往回一压即可，撞击肘关节。⑤力透敌背。⑥头的前额部分向前撞，顶心斜向前上顶。⑦前臂和上臂所呈角度应大于直角，双臂未发力前呈略小于45°角。

(2) 腿脚发力

腿脚发力与行走发力法同，设想与对方将接触时，肩架不变，后腿突然提起，脚尖向前方伸出，同时头向上顶，在设想已触对方身体，高不过膝，头与脚踝互争，踏地之腿有力向上蹬地，而前送髋至摧足尖。

(3) 膝部发力

膝部发力同上，小腿不前伸，突出膝部与头之突（互）争。

(4) 侧后方发力

侧后方发力，设想对方从我右肩处推来，左手拧转稍向前伸，右手拧转稍向后拉，两手与前方争的同时，两手也互争其力，集中向右肩后方撞去，同时头须向右侧后方拧转，眼向后看，脚下微拧。

(5) 行走发力

①前进时前足一着地，力即发出，固定位法。

②退步发力，在后撤步时，向前发力，当前脚后撤至适当位置时，其两脚距离与浑元桩步法同，脚一着地力即发出，如定位发力法。其不同点在于，前脚后撤形势即变成前脚变后脚，后手变前手，例如左脚后撤时左手、左肩、左胯借后移之势，向后争，右手不动，待左脚踏地时猛向前手撞击。

(6) 向后发力（又名惊力）

准备式与前发力相同，设想对方由下紧托我腕和手臂，此时我双腕微拧，双手猛握拳，但不可握实，其力向回争，欲将假借弹簧突然拉断，然后恢复原状，其神情犹如突然受惊。

(7) 向前上方（发力）

准备式与向后发力相同。设想对方经我前手上方向我头部击来时，我以头部为主宰，稍向后下方靠去，与前手相争，同时前后手亦争，两手及两前臂拧转，设想我前手已将触及对方下颌部或头部，此时突然发力，手指力须向斜上方指去。

(8) 向左内侧方（发力）

准备同向前发力。设想对方经我前（左）臂上（下）向我头部击来，我身体以头为主宰，稍向右侧后面靠去，与前手争，前后手亦争，拧转同时发力，前手拧转前指对方。头部约呈60°角，后手前伸与前手位置相当，略低于前手，指向对方胸部。

(9) 阻力感

阻力强弱由自己设想而来，设想松松紧紧都要练，也就是在松紧反复变化中去摸索，达到似松非松的境地，松中有紧紧中有松，全归一念支配。

（10）推手普遍问题

①发力时机。②准备时间过长。

（11）斜面问题

斜侧面，使对方的力一部分落空，力的指向偏斜，用力的指向变化和步法、身法的移动，或前后，或左右，或上下，重心的升高或降低来破坏对方的压力，同时也用这些变化去进逼对手，直到感觉接触点的感觉及对方所处的位置，对手的力已很难变化，僵了，被动的形势下再发力，在练习中当然免不了错误的判断，应不断了解力的瞬间之变。

学自抽象起　精神须切实
有形则力散　无形则神聚
用法不露形　用力纯在意
意力不出尖　浑元无定式

第五章　王芗斋先生论意拳节选

大成拾遗

——王芗斋

大成拾遗亦称大成拾粹，是意拳爱好者手中流传的芗老未成文的拳学手稿。各种版本不一，内容也不尽相同。本人手中的芗老手稿，是1961年暑假我从北京体院返津期间，适逢芗老在三姑家中颐养天年。近水楼台，得天独厚我有幸于芗老书榻而获至宝。出自对芗老的崇敬，原件重抄不敢续貂。文章参差之处有待就正于高明。掬诚奉献广大意拳爱好者共享，祝意拳事业蓬勃发展，是为夙愿。晚生薄家骢叩识。

1. 初学须知

学拳者，莫好奇，平常都是非常事，果肯恒心毅力为，逐渐身受无限益。夺造化，转天机，蕴藏着许多精金和美玉，世人缘何不知取，唯一大宝都放弃。不用脑，不费力，不去消磨好时日，只要你平心静气去站立，不期然就到你的身上去。有谁认得这舒适支配虚空宇宙力。不论朝夕用工时，注意顶心如线系，遍体轻松力如泥。外脱换，内清虚，蓄灵存，悠扬依，奇妙横生有天趣，慧眼观察细胞系，时时刻刻如云提，躺在云端换大气。如疯如颠如醉也如迷，恍恍惚惚随他去，飘飘荡荡任呼吸。毛孔都似穿堂风，小腹沉松尿欲滴。这种愉快谁能比，谷神充满精不遗，海阔天空涤万虑，那管他石破天惊、山飞海啸，日月星球都转移，且顾眼前我自娱，浑身舒畅乐无极，用功才是真便宜。锻炼本是容易事，可惜世人多不知。道理从来无古今，学术更不分中西，随时随地具有相当适宜义，守定平庸用功吧，一生健康保有益。

2. 站桩诀要

站立时，莫着急，内空洞，理姿势。外中正，长出气，看虚空，天涯处，觉得身躯随云起。两足分开与肩齐，两手平衡往上提，上至眉，下指脐，左手不往鼻右来，右手不到鼻左去，往怀抱不粘身，向外推不逾尺，两手变化在范围内。上下左右不高不低，具体关节都有似曲非直意。

3. 拳学杂记

脚打七分拳打三，身如弓弩拳如弹。脚踏中门夺敌位，纵横任意无阻拦。争於米粒秒忽之间，不在对方中与不中，而在己身正与不正。学拳不慌忙，间架配适当，出入螺旋意，处处似弹簧。离开己身无物可求，执着己身永无是处。顶夹撑提腹沉松，舌顶齿扣目视耳听。背靠胸松毛千丈。五趾抓地，脚跟外撑，两腕夹顶，内扣外撑，提肛缩会，胸收腹松。呼吸均净，肩沉肘横，两腕轻松，形若无事。遇敌犹如身着火，风吹大树摆枝摇，力如巨风卷树拔地欲飞，有拧摆横摇摧裹错，欲起难移之势。借法容易打颇难，还是打法最为先。交勇者不可思悟，思悟者寸步难行。起手如举鼎。落手似分砖，起是钻，落是翻，起手如钢锉，落手似钩杆。顶抱扭，提跨缠，怀抱婴儿手托天。

与人动手一切运用均在手腕之变化，眼光放大，即用功试力均须从远大处着想，有形力散，无形神聚，形不破体，意不露形，力不出尖。长手贵力足，短手能自顾，平时练习非长手不足以运力，对敌时非短手不足以自保，故长短互用，刚柔相济理也。

至于用功之法，首先身要端正，意念空洞涤除万虑和情缘，浑身关节都似曲非直，无节不是钝三角，没有平面，亦没有直的节段，更无方向可谈。如此方可以形曲力直，具形才能起作用，逐渐发挥热能电力，各种细胞才可能同时工作，所以能健身祛病，而后即可改造生理发挥良能，本能是自然的，若用方法即是人造的，基本锻炼只要具体舒适就全对了，毫无其他，愈想多了愈坏，反把自然舒适弄得适得其反。

所谓用力用法则力法皆穷。更要知道用力则气滞，气滞则意停，意停则神断，神断则全体皆非。

夫养生者，先知爱其身则可修身，知修身则可治心，能治心则可养生，摄养之道在乎戒暴怒，节嗜欲，慎起居，省思虑，调饮食。则自然血气平和，百病不生。治病先治心，斯理也。心为神主，动静从心。心为根本，心为道宗，静则心君泰然，百脉宁谧，动则血气混乱，百病相攻。

此种拳学的原则效能，改造生理，发挥良能。具体细胞同时工作，锻炼神经，调和呼吸，活动筋肉。

基本功能发挥高度新陈代谢，沟通全身电流而发挥热能。劳动不能代替体育，体育是一门学问。体育者使身体受教没看再放松育也。运动的正常表现在合于生理，神经支配，意念领导，心脏大脑处于正常活动。

病者，锻炼法，站好姿势，意念放大，首先由头部做起。毛孔再放松，有过堂风之感，挺拔项部。施术，休息，治疗，锻炼，调配合适。

4. 力之运用

浑圆争力：争力是无所不争，四肢百骸大小关节无处不争，虚虚实实，松松紧紧还是争力。不争就使不出力气。宇宙间无处不争，自己与自己的四肢百骸争，总之全体浑圆一争。

大气呼应：大气与个人相呼应，你能利用它，叫他能答应，站桩久了，内部自然慢慢地膨胀起来，与大气发生呼应之后就好办了。

浑噩逆体：浑身好像什么地方都没有空隙。整个都有逆力，什么地方打我都不怕，没有很顺当的力量，但又极顺当，这也是矛盾出来的力量。

动静互根：动与静是一个东西，互为其根，静即动，动即静，一动一静互为其用。松即紧，紧即松，松松紧紧勿过正。虚是实。实是虚虚虚实实得中平。天地间没有中平。哪个地方也没有平衡，控制其平衡就是正。都是单双松紧，虚实轻重，作用力与反作用力起错综复杂的作用。看着一动不动，其实里面动得很快。如动得很多，里面气血跑得反而慢，原因是不会动。如会动的话，动即静，静即动，动静互根为用。初做应该不动，因为不会动，不动才是生生不已之动。会动了，动起来才更快。假借地动，头手，身足，肩肘，膝胯，能假借来动就更快，神动意动力量动，但形式上不动出来，那力量就最大。不在形式上看，这就是所谓动静互根的意思，动静研究起来没完，做更复杂。

遒放统一：力量不遒紧，放的力量也就不大，要遒的紧，才能放的远，欲放先遒，欲遒先放。

有无互用：有与无也是一件东西。有了才看见没有，有了就有没有这一天。没有就不知道能生出什么来，世间一切均是如此。

顺力逆行：手朝后拉，力量出去越远。手往前指力量越往后来。

钩锉刀叉：也是有形无形。形象化来讲，出手如刚锉，回手似勾杆（实际上都还未动），浑身若起大波浪（谁也看不见），浑身力量毛发如戟，胳膊好像处处有刀叉一样。人身机器不好形容，因为里面有精神的力量存在，全是无形的假借。

斜正统一：斜即是正，正即是斜，由于支撑面不同，浑身关节的力量互有影响。力圆为正，一动是横。横是正面，一作用是斜面，但作用你看不到。

多面螺旋：各方面全是螺旋，随便一动作，全身大小关节都有支撑力。全成钝三角，在这时候力量欲膨胀又收敛，浑身都起了螺旋。连腿下也是如此。这时一碰上去，就出去，像过电一样。先是浑身都成钝三角，一变方向浑身就膨的一下子，起了螺旋的力量。

不动的转移：动作的转移，随机而动变化无方。这种动是本能的动，不是形势上的美观，而是实用合适。比如手触热铁，应即缩回不容思考。不意绊了一跤，而能站住未倒，都是本能反射。越不动，转移的就越快。一般人不会动，如果会动的转移，那就更好。静若处女，动若脱缰之马，迅雷不及掩耳。静若书生，动若雷霆，神意含蓄，力似惊蛇。力之强弱须当体察。

面积虚实：没有平的面积，但里面肌肉好似盘子里的滚珠，没有停留的时候。

神松意紧：突然受到刺激是神动，考虑怎么办是意动。神是本能反应，意加上了主观能动作用。神松，使全身肌肉至毛发都放松，利于气血运行。意紧，以意领气，意紧则气血运行就更快了。

形曲力直：形不曲则力不直，就没有劲了。成了直面积，前后左右就没有呼应。形曲则前后、左右、上下都有力量，想到哪里去都行。一直力就出了尖儿，就破体了，想用力量，直了四周都没用。这点用不上，就完全瓦解了。形曲则力没有方向，四周都能用上。画一块石头圆了就不行，一定要曲曲折折，不许有平面积，有平面则无力（绝对了），起伏、升降、进退、吞吐，把虚实大意形容出来了。所谓力直是各方面都有力量。力圆也可以说是直去、也是旋绕着去、也有波浪地去。但外形不露，旋绕一条有直的力量，旋绕和直是矛盾之统一体。做的时候，都用具体的东西，没力量也不行。

刚柔：刚不是硬，柔不是软。百炼之钢成绕指之柔，才是真刚。柔是真刚，是百炼之钢，真绕骨之柔。刚经锻炼才是刚，一碰脆了也不是刚，是生铁。只能说是硬。刚是锻炼出来的，百炼千锤，令人不可捉摸，才是刚柔相济。

虚实：宇宙虚而容万物，屋室虚而住人。都堆上石头是实，而什么用也没有。无形是虚，有形是实，无形无害，有形有害，无形永久，有形不长。

进退反侧：退时步步为营，含蓄待发。进时，“一言其进，统全体而具无抽撤游移之形”，反侧就是斜向一个意思，同样作用，左右防备。

空气游泳：是各方面都有阻力的意思。怎么增加阻力，怎么减小阻力和游泳的技术原理一样。减小阻力的办法，全在肩胯的扭错，人巧妙不巧妙，腰灵活与否，全在肩胯上，唯肩胯动，腰才能动。

随让随牵：你手按上，随着就牵走了。重心放在我身上，要摔一摔就出去了，随让之中有个截。

推拉互用：一切都是推抗，拉拢互用，没有绝对的力量。

旋绕撑拧：这个力量好，看着是旋绕，实际是撑拧，往后拉，向回缩，前后左右横撑力量全是如此。

双叠：身动、力动、精神动，手一动就是破体。

迎随紧随：这个作用不大，发作时行，积极上引，迎着、随着要紧，松了就不行，不是这个东西了。

单双轻重：与控制平衡里面东西多，精神意思总应着，有形就完了，控制平衡是根本。单双重与控制平衡有连带关系；单双松紧，虚实轻重都是单双重的东西。

5. 力量运用总名

浑元争力、大气呼应、浑噩逆体、动静互根、斜面三角、杠杆滑车、遒放统一、有无互用。

顺力逆行、勾锉刀叉、斜正同一、多面螺旋、面积虚实、不动转移、神松意紧、形曲力直。

刚柔虚实、无形神似、起顿吞吐、伸缩抑扬、进退反侧、推拉互用、拧卷惰涨、撑抱悠扬。

纵横高低、开合分闭、单双轻重、远近短长、提按抗横、撑拧旋绕、滚错双叠、翻拧裹扬。

半让半随、随让随牵、截让截迎、控制平衡、空气游泳、榔头拷钉、钻捉搜索、蓄弹惊炸。

沉托提纵、举抗推旋、搂劈钻刺、迎随紧随。

6. 全身各部之力量

头：撑拧顶缩。

肩肘：横撑，肩撑肘横。

手腕：勾错敛抗。

腰：摇旋。

胯：坐锉旋提。

膝：撑纵。

足腕：刀叉分刺。

7. **歌诀**

直取旋绕力横撑，眼底手腕都留痕，矛盾错综来统一，精神杠杆要长伸。

拳学顾指精，运用在虚空，灵机自内变，力由静处生，身动似猿捷，踏步似猫轻，勿忘勿助长，久久自登峰。

拳技一道尚精神，内要提，外要随，手脚齐道法为真。力要远，气要摧，拳似炮，蛇卷身，应敌犹如身着火。充华必强骨，饰貌必表真，计谋须运划，精神似霹雳，心毒称上策，手狠方胜人。何为闪，何为进，进即闪，闪即进，不必远求尚美观。何为打，何为顾，顾即打，打即顾，发手便是处。力如火药拳如弹，灵机一动鸟难腾。

力光闪，捲枯叶，惊赫天涯鸟飞绝，裹缠横绕似龙蛇，光芒无限力如铁。手握提按斜撑错，足踏泥泞尺半雪。雷电交加轻也重，眼底心头扫鲸穴。

身动挥浪舞，意力水面行，游龙与鹤戏，含笑似蛇惊。肌肉含动力，神存骨稜中，风云吠华月，豪气贯日虹。

拳道极微细，勿以小道视，开辟首重武，学术始于此，当代多失传，荒唐无边际，拳道基服膺，无长不汇集，切志倡拳学，欲复故元始，铭心究理性，技击乃次之，要知拳真髓，首由站桩起，意在悬空间，体认学试力，百骸撑均衡，曲折有面积，仿佛起云端，呼吸静长细，舒适更悠扬，形象若疯痴，绝缘摒杂念，敛神听微雨，满身空灵意，不容粘毫雨，有形似流水，无形似大气，神绵觉如醉，悠然水中宿，默对向天空，虚灵须定意，洪炉大冶身，陶镕物不计，精机自内变，自然听静嘘，守静如处女，动似蛰龙迷，力松意须紧，毛发势如戟，筋肉欲遒放，支点力滚丝，螺旋力无形，遍体弹簧似，关节若机轮，揣摩意中力，筋肉似龙蛇，履步风捲席，纵横起巨波，若鲸游旋势，顶上力空灵，身如绳吊系，两目神凝敛，听内耳外闭，小腹应长圆，胸间微含蓄，指端力透电，骨节锋棱起，神活逾猿捷，足踏猫距似，一触即爆发，炸力无断续，学者莫好奇，平易生天趣，神动如山飞， 运力如海溢，返婴寻天籁，躯柔似童浴，勿忘勿助长，升堂渐入室，如或论应敌，拳道微末技，首先力均整，枢纽不偏倚，动静互为根，精神多暗示，路线踏重心，紧松不滑滞，旋转谨稳准，钩错互用宜，利钝智或愚，切审对方意，随屈忽就伸，虚灵自转移，蓄力如弓满，看敌似电急，鹰胆虎视威，足腕如蹇泥，鹘落似龙潜，浑身尽争力，蓄意肯忍狠，胆大心要细，劈缠攒裹横，接触揣时机，习之若恒久，不期自然至，变化形无形，周旋意无意，叱咤走风云，包罗小天地，若从迹象比，老庄与佛释，班马古文章，右军钟张字，大李王维画，玄妙颇相似，造诣何能尔，善养吾浩气，总之尽抽象，精神须实际。

力量发作刹那间，在有形无形，有意无意，有定位，无定位，具体，局部，自动被动，具体而微。

8. 养生与锻炼

我国养生之术历史悠久，惜多失传散逸。各门派迭出，多至不可名状，而各有专家独造之功。以致深奥精专老手，都各有其独特长处。所有理论大都歧正相生，参互为用，而结果多自矛盾错综，辩证再辩证，发挥出人体及多种生物动力之独赋特有的精神。盖人飞不如禽，走不如兽，故采鸟兽之长补人身之短。都是在以形取意，有意象形，颠倒互用，体会掺存，逐渐得来些掣电轰雷，惊神泣鬼之术。而是学它的精神力量，特长之所在。如果学它的形体，则气度、秉赋、性格特有的良能，就完全销毁。这种运动是在神意足，不求形骸似。时有毛发如棘之觉感。

大凡鸟兽多有无畏精神。它的智力不会增长，而特有的良能是永存的。鸟兽的头项都是灵活坚锐，肩撑肘横，指腕抓拧。而头项更易增强顶缩的力量。腰胯如轮，扭错提旋，交叉互换，膝纵足提，浑身力量含有抽丝之状。

察其形，大致有熊蹲、虎坐、鹰目、猿神、猫行、马奔、鸡腿、蛇身。会其意，静若潮涨，动似风云。先师云："神犹雾豹容窥管，气若灵犀可辟尘。"

这种运动肌肉里总是含着活变动力，骨中存着横撑拧转动荡的精神力量。力的发作有形无形有意无意，有定位和无定位，自动和被动，具体和局部，具体而微。

运动时不在姿势如何，亦不在姿势的繁简，更不在秩序之先后，要在神经支配虚实之大意，以达舒适得力为正。

有人问：力量究竟何以为之活动。上至头顶下至足心，都是牵一发而动全身，上欲动，下自随。下欲动，上自领。上下动，中间攻。中间攻上下合。前后左右都相需。四体百骸，大小关节，而手足膝胯都是不期然而然，莫知至而至。而五脏之存内，亦都有所配合。所以说活力如蛇，游泳相似。

又有友来见问：你即是研究养生的，怎么说起动力来了。

养生和锻炼是一件事。养生基础已定，就是要学习锻炼肌肉各种力量。

那么请你谈一谈养生的道理可以不可以。没有什么可不可以，不过基本的东西我更谈不好。养生与锻炼虽出一气之源，然虚实动静有形无形之别，可就相距悬殊。按着养生原理是神经稳定，内在舒适，虚灵守默，而应万物。

大致是人神好静，而意分扰，意性本定，而欲来乱。实际都是虚像。应当是处境忘境，不堕于庸俗愚昧。居尘出尘，免沉在得失忧惧，万虑万缘之中。有动之动，出于不动，有为之为，出于无为。无为则神息，神息则万念寂。耳目心意俱忘，即诸妙之园。